AF389811

RELATION

DE LA NOVVELLE

FRANCE,

ES ANNÉES 1662. ET 1663.

O. 1791

RELATION

DE CE QVI S'EST PASSE'

DE PLVS REMARQVABLES

AVX MISSIONS DES PERES

De la Compagnie de IESVS.

EN LA

NOVVELLE FRANCE,

és années 1662. & 1663.

Enuoyée au R. P. André Castillon, Prouincial de la Prouince de France.

A PARIS,

Chez SEBASTIEN CRAMOISY, Et SEBAST.
MABRE-CRAMOISY, Imprimeurs ordinaires
du Roy & de la Reine, ruë S. Iacques,
aux Cicognes.

M. DC. LXIV.

AVEC PRIVILEGE DV ROY.

AV Rᵈ PERE
ANDRÉ CASTILLON
PROVINCIAL
DE LA COMPAGNIE
de IESVS en la Prouince de France.

MON P. P.

Pax Christi.

*I'enuoye à vostre Reuerence,
nostre Relation de la Nouuelle*

France. Par la grace de Dieu
tout y va affez bien, quoy que
nous ayons efté plus auant que
iamais dans la crainte.

Les Iroquois cy-deuant in-
uincibles, fe font trouuez vain-
cus de tous coftez, par des Na-
tions-Sauuages qui nous font
alliées, & par nos Algonquins
Chreftiens, qui ont efté victorieux par l'affiftance de la tres-
Sainte Vierge. Si le Roy nous
donne à l'embarquement prochain, le fecours qu'il a eu la
bonté de nous promettre, pour
porter la terreur & l'effroy des
armes Fançoifes dans le païs
des Iroquois, qui feuls ont de-
folé toutes nos Eglifes naiffantes,

& qui seuls empeschent les pro-
grez de la Foy, dans vn grand
nombre de Nations qui ne sont
pas encore Chrestiennes, ce secours sera le salut de tous ces
païs.

Nonobstant les excursions des
Iroquois Dieu a sceu choisir ses
Eleus, non seulement des Nations éloignées, qui pour éui-
ter la fureur des armes enne-
mies, se sont venuës loger proche de nous, où plusieurs ont
heureusement receu le Baptesme; mais à quatre & cinq cens
lieuës de nous, où plus de deux
cens enfans ayans esté bapti-
zés auant que de mourir, ont
porté au Ciel leur innocence.

Mesme parmy les Iroquois nos ennemis, plus de trois cents enfants y ont receu cette faueur, par nos François qui y estoient captifs ; Dieu se seruant de nos miseres & de nos pertes, pour en tirer le bon - heur de ses Eleus.

Un tremblement de terre de plus de deux cents lieües en longueur, & de cent en largeur, qui sont en tout vingt mille lieües, a fait trembler tout ce païs, où l'on a veu des changemens prodigieux ; des Montagnes abysmées, des Forests changées en des grands Lacs, des Riuieres qui ont disparu, des Rochers qui se sont fendus, dont les debris estoient poussez iusques au sommet des plus hauts arbres; des tonnerres qui grondoient sous nos pieds, dans le ventre de la terre, qui vomissoit des flammes; des voix lugubres qui s'entendoient avec horreur; des Baleines blanches & Marsoüins qui hurloient dans les eaux : Enfin tous les Elements sembloient estre armées contre nous, & nous menaçoient d'vn dernier mal-heur: Mais la protection de Dieu a esté si douce sur nous, que pas vn n'y a perdu la vie, ny mesme les biens de la terre : & la plus-part en ont tiré tant de profit pour leur salut, Sauuages

& *François, Fideles & Infideles, que nous auons sujet d'en benir Dieu, et d'aluoüer que ses misericordes ont esté tout aimables.*

Le passé nous fait tout esperer pour l'auenir ; le Canada estant vn ouurage de Dieu, et la conuersion des Sauuages ayant esté le principal motif de l'establissement des Colonies qui y sont. Les Peres de nostre Compagnie y ont donné leurs trauaux, leurs sueurs, & leur sang. De douze qui y ont finy leur vie, dix y ont esté massacrez et brûlez par la fureur des Iroquois, ou morts dans les neiges, allants à la conqueste des

Ames. Cette année nous auons appris vne mort semblable d'vn de nos anciens Missionaires le Pere René Menard, qui auoit penetré cinq cents lieuës dans les terres, y portant le nom de IESVS-CHRIST, où iamais il n'auoit esté adoré. Nous auons besoin de Missionaires, qui entrent dans les trauaux de ceux qui y ont trouué vne mort si heureuse. Nous en demandons à vostre Reuerence; & nous asseurons ceux qui ont vn zele Apostolique, qu'ils trouueront icy vn saint employ, & de grandes souffrances; & propablement le bon-heur d'y respandre leur sang, pour le mêler auec le *ſang* de IESVS-CHRIST. *Nous le prions que ſes diuines volontés ſoient accomplies en nous, & en la vie & en la mort. Voſtre Reuerence nous aſſiſtera pour cét effet de ſes prieres, & tous ceux qui ont quelque amour pour la conuerſion des Infidelles.*

MON R. P.

Voſtre tres-humble & obeïſſant
ſeruiteur en N. S.

HIEROSME LALEMANT.

A Kebec, ce 4.
Septembre 1663.

TABLE

DES CHAPITRES

CONTENVS EN CE LIVRE.

Extraict du Priuilege du Roy.

PAr grace & Priuilege du Roy, il est permis à SEBASTIEN CRA-MOISY, Imprimeur ordinaire de sa Majesté, Directeur de son Imprimerie Royale au Chasteau du Louure, ancien Escheuin, & ancien Iuge Consul de cette ville de Paris, d'imprimer, ou faire imprimer vn Liure intitulé *Relation de ce qui s'est passé en la Mission des Peres de la Compagnie de IESVS, au pais de la Nouuelle France, és années* 1662. & 1663. Et ce pendant le temps de dix années consecutiues. Auec deffenses à tous Libraires, Imprimeurs & autres d'imprimer ou faire imprimer ledit Liure, sous pretexte de deguisement ou changement qu'ils y pourroient faire, aux peines portées par ledit Priuilege. Donné à Paris, le premier Decembre 1663. Signé, par le Roy en son Conseil,

MABOVL.

RELATION

DE CE QVI S'EST PASSE'
en la Miſſion des Peres de la
Compagnie de IESVS, au
païs de la Nouuelle France,
depuis l'Eſté de l'année 1662.
juſques à l'Eſté de l'année
1663.

CHAPITRE I.

*Trois Soleils & autres Meteores apparus
en la Nouuelle France.*

E Ciel & la Terre nous
ont parlé bien des fois
depuis vn an. C'eſtoit vn
langage aimable & inconnu, qui

A

nous iettoit en mefme temps dans la crainte & dans l'admiration : Le Ciel a commencé par de beaux Phenomenes, la Terre a fuiuy par de furieux fouleuements, qui nous ont bien fait paroiftre que ces voix de l'air muettes & brillantes, n'eftoient pas pourtant des paroles en l'air, puifqu'elles nous prefageoient les conuulfions qui nous deuoient faire trembler, en faifant trembler la Terre.

Nous auons veu dés l'Automne dernier des Serpents embrafés, qui s'enlaçoient les vns dans les autres en forme de Caducée, & voloient par le milieu des airs, portez fur des aifles de feu : Nous auons veu fur Quebec vn grand Globe de flames, qui faifoit vn affés beau iour pendant la nuict;

ſi les eſtincelles qu'il dardoit de toutes parts , n'euſſent meſlé de frayeur le plaiſir qu'on prenoit à le voir : Ce meſme Meteore a paru ſur Montreal ; mais il ſembloit ſortir du ſein de la Lune , auec vn bruit qui égale celuy des Canons ou des Tonnerres , & s'eſtant promené trois lieuës en l'air , fut ſe perdre enfin derriere la groſſe montagne dont cette Iſle porte le nom.

Mais ce qui nous a ſemblé plus extraordinaire eſt l'apparition de trois Soleils. Ce fut vn beau iour de l'Hyuer dernier , que ſur les huiɕt heures du matin , vne legere vapeur preſque imperceptible s'éleua de noſtre grand fleuue , & eſtant frappée par les premiers rayons du Soleil , deuenoit tranſparente , de telle ſorte neantmoins qu'elle auoit aſſez de corps pour fouſtenir les deux Images que cet Aſtre peignoit deſſus ; Ces trois Soleils eſtoient preſ-que en ligne droite, eſloignez de quelques toiſes les vns des autres, ſelon l'apparence ; le vray tenant le milieu, & ayant les deux autres à ſes deux coſtez. Tous trois eſtoient couronnez d'vn Arc-en-Ciel, dont les couleurs n'eſtoient pas bien arreſtées, tantoſt pa-roiſſant comme celles de l'Iris, puis aprés d'vn blanc lumineux, comme ſi au deſſous tout proche, il y eût eu vne lumiere exceſſiue-ment forte.

Ce ſpectacle dura prés de deux heures la premiere fois qu'il pa-rût, c'eſtoit le ſeptiéme de Ian-üier 1663. Et la ſeconde fois, qui fut le 14. du meſme mois, il ne

dura pas fi long-temps , mais
feulement jufqu'à ce que les couleurs de l'Iris venant à fe perdre
petit à petit , les deux Soleils des
coftez s'eclipfoient auffi , laiffant
celuy du milieu comme victorieux.

Nous pouuons mettre en ce
lieu l'eclipfe de Soleil arriuée à
Quebec , le premier iour de Septembre 1663. qui dans l'obferua-
tion qui en a efté faite fort exa-
ctement, s'eftant trouuée d'onze
doigts entiers, rendoit nos forefts
pâles , fombres & melancholi-
ques. Son commencement a efté
à vne heure vingt-quatre minutes, quarante-deux fecondes d'a-
prés Midy ; & fa fin à trois heures cinquante & deux minutes
quarante-quatre fecondes.

A iij

CHAPITRE II.

Tremble-terre vniuerfel en Canadas,
& fes effets prodigieux.

CE fut le cinquiéme Feurier 1663. fur les cinq heures & demie du foir, qu'vn grand brouiffement s'entendit en mefme temps dans toute l'eftenduë du Canadas : Ce bruit qui paroiffoit comme fi le feu euft efté dans les maifons, en fit fortir tout le monde, pour fuir vn incendie fi inopiné ; mais au lieu de voir la fumée & la flame, on fut bien furpris de voir les Murailles fe balancer, & toutes les pierres fe remüer, comme fi elles fe fuffent détachées ; Les toicts fembloient

fe courber en bas d'vn cofté, puis
fe renuerfer de l'autre ; les Clo-
ches fonnoient d'elles - mefmes,
les poutres , les foliueaux , & les
planchers craquoient ; la terre
bondiffoit faifant danfer les pieux
des paliffades d'vne façon qui ne
paroiffoit pas croyable , fi nous
ne l'euffions veuë en diuers endroits.

Alors chacun fort dehors , les
animaux s'enfuient , les enfans
pleurent dans les ruës , les hommes & les femmes faifis de frayeur
ne fçauent où fe refugier , pen-
fant à tous moments deuoir eftre
ou accablez fous les ruïnes des
maifons , ou enfeuelis dans quelque abyfme qui s'alloit ouurir fous
leurs pieds ; Les vns profternez
à genoux dans la neige , crient
mifericorde, les autres paffent le

A iiij

reste de la nuict en prieres , parce que le Terre tremble continua
tousiours auec vn certain bransle,
presque semblable à celuy des
Nauires qui sont sur mer , & tel
que quelques-vns ont ressenty
par ces secousses les mesmes soû-
leuemens de cœur qu'ils endu-
roient sur l'eau : Le desordre estoit
bien plus grand dans les forests ;
il sembloit qu'il y eust combat
entre les arbres qui se hurtoient
ensemble; & non seulement leurs
branches , mais mesme on eust
dit que les troncs se destachoient
de leurs places pour sauter les vns
sur les autres , auec vn fracas &
vn bouleuersement qui fit dire à
nos Sauuages que toute la forest
estoit yure.

La guerre sembloit estre mesme entre les Montagnes, dont

les vnes fe déracinoient pour fe
ietter fur les autres , laiffant de
grands abyfmes au lieu d'où elles
fortoient: Et tantoft enfonçoient
les arbres dont elles eftoient chargées bien auant dans terre iufqu'à
la cime : tantoft elles les enfoüif-
foient les branches embas , qui
alloient prendre la place des racines ; de forte qu'elles ne laiffoient
plus qu'vne foreft de troncs ren-
uerfez.

Pendant ce débris general qui
fe faifoit fur Terre , les glaces
épaiffes de cinq & fix pieds fe fra-
caffoient , fautants en morceaux ,
& s'ouurants en diuers endroits,
d'où s'euaporoient , ou de groffes
fumées, ou des iets de bouë & de
fable qui montoient fort haut
dans l'air : nos fontaines ou ne
couloient plus , ou n'auoient que

des eaux enfoufrées : les Riuieres ou fe font perduës , ou ont efté toutes corrompuës , les eaux des vnes deuenans jaunes, les autres rouges ; & noftre grand fleuue de Saint Laurens parut tout blanchaftre jufques vers Tadouffacq, prodige bien eftonnant & capable de furprendre ceux qui fçauent la quantité d'eaux que ce gros fleuue roule , au deffous de l'Ifle d'Orleans, & ce qu'il faloit de matiere pour les blanchir.

L'air n'eftoit pas exempt de fes alterations , pendant celles des eaux & de la Terre : car outre le brouïffement qui precedoit toûiours & accompagnoit le Terretremble, l'on a veû des fpectres & des phantofmes de feu portants des flambeaux en main. L'on a veû des picques & des lances de feu voltiger, & des brandons allumez se glisser sur nos maisons, sans neantmoins faire autre mal que de ietter la frayeur par tout où ils paroissoient : on entendoit mesme comme des voix plaintiues & languissantes se lamenter pendant le silence de la nuict ; & ce qui est bien rare, des Marsoüins blancs ietter de hauts cris deuant le Bourg des trois Riuieres, faisant retentir l'air de meuglemens pitoyables ; & soit que ce fussent des vrais Marsoüins, ou des vaches marines, (comme quelques-vns ont estimé) vne chose si extraordinaire ne pouuoit pas arriuer d'vne cause commune.

On mande de Montreal que pendant le Tremble-terre on voyoit tout visiblement les pieux des clostures sautiller, comme s'ils

euſſent danſé ; que de deux portes d'vne meſme chambre , l'vne
ſe fermoit , & l'autre s'ouuroit
d'elle-meſme ; que les cheminées
& le haut des logis plioient comme des branches d'arbres agitées
du vent : que quand on leuoit le
pied pour marcher, on ſentoit la
terre qui ſuiuoit, ſe leuant à me-
ſure qu'on hauſſoit les pieds , &
quelquefois frappant les plantes
aſſez rudement , & autres choſes
ſemblables fort ſurprenantes.

Voicy ce qu'on en eſcrit des
Trois-Riuieres. La premiere ſe-
couſſe & la plus rude de toutes
commença par vn broüiſſement
ſemblable à celuy du Tonnerre ;
les maiſons auoient la meſme
agitation que le coupeau des arbres pendant vn orage , auec vn
bruit qui faiſoit croire que le feu

petilloit dans les greniers.

Ce premier coup dura bien vne demie-heure , quoy que ſa grande force ne fuſt proprement que d'vn petit quart d'heure : Il n'y en eut pas vn qui ne creût que la Terre deût s'entr'ouurir. Au reſte nous auons remarqué que comme ce tremblement eſt quaſi ſans relaſche, auſſi n'eſt-il pas dans la meſme égalité : tantoſt il imite le branſle d'vn grand vaiſ-ſeau qui ſe manie lentement ſur ſes Anchres : ce qui cauſe à pluſieurs des eſtourdiſſements de te-ſte : Tantoſt l'agitation eſt irre-guliere & precipitée par diuers élancements, quelques-fois aſſez rudes , quelques-fois plus mode-rez : le plus ordinaire eſt vn petit tremouſſement qui ſe rend ſenſi-ble lors que l'on eſt hors du bruit

& en repos. Selon le rapport de plusieurs de nos François & de nos Sauuages, tesmoins oculaires, bien auant dans nostre fleuue des Trois-Riuieres, à cinq ou six lieuës d'icy , les costes qui bordent la Riuiere de part & d'autre , & qui estoient d'vne prodigieuse hauteur , sont applanies, ayant esté enleuées de dessus leurs fondements , & déracinées iusqu'au niueau de l'eau : ces deux montagnes auec toutes leurs forests ayant esté ainsi renuersées dans la Riuiere, y formerent vne puissante digue , qui obligea ce fleuue à changer de lict , & à se répandre sur de grandes plaines nouuellement découuertes , minant neantmoins toutes ces terres éboulées , & les démeslant petit à petit auec les eaux de la

Riuiere , qui en font encore fi
épaiffes & fi troubles , qu'elles
font changér de couleur à tout
le grand fleuue de S. Laurens :
Iugez combien il faut de terre
tous les iours pour continuer depuis prés de trois mois à rouler
fes eaux , toufiours pleines de
fange.   L'on void de nouueaux
Lacs où il n'y en eut iamais : on
ne void plus certaines Montagnes qui font engoufrées : Plufieurs faults font applanis ; plufieurs Riuieres ne paroiffent plus :
La Terre s'eft fenduë en bien des
endroits, & a ouuert des precipices dont on ne trouue point le
fond : Enfin, il s'eft fait vne telle confufion de bois renuerfés &
abyfmés , qu'on void à prefent
des campagnes de plus de mille
arpents toutes rafes , & comme fi

elles estoient tout fraischement
labourées, là où peu auparauant
il n'y auoit que des forests. Nous
apprenons du costé de Tadouffacq que l'effort du Tremble-terre n'y a pas esté moins rude
qu'ailleurs ; qu'on y a veû vne
pluye de cendre, qui trauerfoit
le fleuue comme auroit fait vn
gros orage, & que qui voudroit
fuiure toute la cofte depuis le Cap
de Tourmente jufques-là, verroit des effets prodigieux. Vers
la Baye (dite de S. Paul) il y auoit
vne petite Montagne fife fur le
bord du fleuue, d'vn quart de lieuë
ou enuiron de tour, laquelle
s'eft abyfmée, & comme fi elle
n'euft fait que plonger, elle eft
refortie du fond de l'eau, pour
fe changer en Iflette, & faire d'vn
lieu tout bordé d'écueils, comme

il

il estoit, vn havre d'asseurance
contre toutes sortes de vents.
Et plus bas vers la Pointe aux
Allouëttes, vne forest entiere
s'estant détachée de la terre-fer-
me, s'est glissée dans le fleuue,
& fait voir de grands arbres droits
& verdoyants qui ont pris naiſ-
sance dans l'eau, du jour au lendemain.

Au reste trois circonstances ont
rendu ce Tremble-Terre tres-
remarquable; La premiere est le
temps qu'il a duré, ayant conti-
nué iusques dans le mois d'Aoust,
c'est à dire plus de six mois :
il est vray que les secousses n'e-
stoient pas tousiours également
rudes ; en certains endroits,
comme vers les montagnes que
nous auons à dos, le tintamarre
& le tremoussement y a esté

B

perpetuel pendant vn long temps;
en d'autres, comme vers Tadouffacq, il y trembloit d'ordinaire
deux & trois fois le jour auec de
grands efforts : Et nous auons
remarqué qu'aux lieux plus éleuez l'émotion y eſtoit moindre
qu'au plat-païs. La ſeconde cir-
conſtance eſt touchant l'eſtenduë
de ce Terre-tremble, que nous
croions eſtre vniuerſel en toute la
Nouuelle France ; car nous apprenons qu'il s'eſt fait reſſentir depuis l'Iſle Percée & Gaſpé, qui
ſont à l'emboucheure de noſtre
fleuue, iuſques au delà de Montreal, comme auſſi en la nouuelle
Angleterre, en l'Acadie, & autres
lieux fort éloignez; de ſorte que
de noſtre connoiſſance, trouuans
que le Tremble-Terre s'eſt fait
en deux cens lieuës de longueur

fur cent de largeur, voila vingt mille lieuës de terre en fuperficie qui ont tremblé tout à la fois, en mefme jour, & à mefme mo-ment.

La troifiéme circonftance regar-/de la protection particuliere de Dieu fur nos habitations : car nous voyons proche de nous de grandes ouuertures qui fe font faites, & vne prodigieufe eften-duë de pays toute perduë, fans que nous y ayons perdu vn en-fant, non pas mefme vn cheueu de la tefte : Nous nous voyons enuironnez de bouleuerfemens & de ruines, & toutefois nous n'auons eu que quelques chemi-nées démolies pendant que les Montagnes d'alentour ont efté abyfmées.

Nous auons d'autant plus de

fuiet de remercier le Ciel de cette
protection toute aimable, qu'vne
perfonne de probité, & d'vne vie
irreprochable, qui auoit eu les
préfentimens de ce qui eft arriué,
& qui s'en eftoit declarée à qui
elle eftoit obligée de le faire,
vid en efprit le foir mefme que
ce Tremble-Terre commença,
quatre fpectres effroyables qui
occupoient les quatre coftez des
terres voifines de Quebec, & les
fecoüoient fortement, comme
voulans tout renuerfer : ce que
fans doute ils auroient fait, fi
vne Puiffance fuperieure & d'vne
maiefté venerable, qui donnoit
le branfle & le mouuement à tout,
n'euft mis obftacle à leurs efforts,
& ne les euft empêché de nuire
à ceux que Dieu vouloit épou-
uanter pour leur falut : mais

toutefois qu'il ne vouloit pas perdre.

Les Sauuages auoient eu des préfentiments auffi bien que les François, de cet horrible Tremble-Terre. Vne ieune fille Sauuage Algonquine aagée de feize à dix-fept ans, nommée Catherine, qui a toufiours vefcu en grande inno-cence, & qui mefme par la con-fiance extraordinaire qu'elle auoit en la Croix du Fils de Dieu, a efté guerie quafi miraculeufe-ment d'vne maladie qui l'a fait languir tout vn Hyuer, fans efpe-rance d'en pouuoir iamais releuer, a depofé auec toute fincerité, que la nuict auant que le Tremble-Terre arriuaft, elle fe vid auec deux autres filles de fon aage & de fa Nation dans vn grand Efca-lier qu'elles montoient, au haut

B iij

duquel fe voyoit vne belle Eglife
où la Sainte Vierge auec fon Fils
parut, leur predifant que la terre
trembleroit bien toft, que les
arbres s'entre-choqueroient, que
les rochers fe briferoient auec
l'eftonnement general de tout le
monde : Cette pauure fille bien
furprife de ces nouuelles, eut peur
que ce ne fuffent quelques pre-
ftiges du Demon, bien refoluës
de découurir le tout au pluftoft
au Pere qui a foin de l'Eglife Algonquine. Le foir du mefme iour
quelque peu de temps auparauant que commençaft le Tremble-terre, elle s'écria toute hors
de foy & comme émeuë d'vne
forte impreffion, dît à fes parens:
Ce fera bien-toft, ce fera bien-
toft, ayant eu du depuis les mefmes préfentimens à chaque fois

que la Terre trembloit.

Voicy vne autre depofition, bien plus particularifée, que nous auons tirée d'vne autre Sauuage Algonquine, aagée de vingt fix ans, fort innocente, fimple & fincere, laquelle ayant efté interrogée par deux de nos Peres fur ce qui luy eftoit arriué, a refpondu tout ingenuëment, & fa refponfe a efté confirmée par fon Mary, par fon Pere, & par fa Mere, qui ont veû de leurs yeux, & entendu de leurs propres oreilles ce qui s'enfuit: Voicy fa depofition.

La nuict du 4. au 5. de Febvrier 1663. eftant entierement éueillée, & en plein iugement, affife comme fur mon feant, i'ay entendu vne voix diftincte & intelligible qui m'a dit, Il doit arri-

B iiij

uer auiourd'huy des chofes é-
tranges, la Terre doit trembler.
Ie me trouuay pour lors faifie
d'vne grande frayeur, parce que
ie ne voyois perfonne d'où peuft
prouenir cette voix : Remplie de
crainte, ie tafchay à m'endormir
auec aflez de peine ; & le iour
eftant venu, ie dis tout bas à Iofeph Onnentakité mon Mary,
ce qui m'eftoit arriué ; mais
m'ayant rebuté, difant que ie
mentois & luy en voulois faire
accroire, ie ne parlay pas dauantage : Sur les neuf ou dix heures
du mefme iour, allant au bois
pour bufcher, à peine eftois-ie
entrée en la foreft, que la mefme voix fe fit entendre, me difant
la mefme chofe, & de la mefme
façon que la nuiſt precedente ; la
peur fut bien plus grande, moy

eſtant toute ſeule : ie regarday
auſſi de tous coſtez pour voir ſi ie
n'apperceurois perſonne ; mais
rien ne parut : ie buſchay donc
vne charge de bois, & m'en retour-
nant, i'eus ma ſœur à la rencontre
qui venoit pour me ſoulager, à laquelle ie racontay ce qui me venoit d'arriuer. Elle prit à meſme
temps le deuant, & rentrant dans
la Cabane deuant moy, elle redit à
mon pere & à ma mere ce qui m'e-
ſtoit arriué : mais comme tout cela eſtoit fort extraordinaire, ils l'é-
couterent ſans aucune reflexion :
la choſe en demeura là, iuſques à
cinq ou ſix heures du ſoir du meſme iour, où vn tremblement de
Terre ſuruenant, ils reconnurent
par experience que ce qu'ils m'a-
uoient entendu dire auant Midy,
n'eſtoit que trop vray.

CHAPITRE III.

Bons effets du Tremble-terre, & de l'eſtat du Chriſtianiſme des Sau-uages plus proches de Quebec.

Qvand Dieu parle il ſe fait bien entendre, ſur tout quand il parle par la voix des Tonnerres, ou des Terre-Trembles, qui n'ont pas moins ébranlé les cœurs endurcis, que nos plus gros rochers, & ont fait de plus grands remuëmens dans les conſciences, que dans nos Foreſts & ſur nos Montagnes.

Ce Tremble-Terre commença le Lundy gras à cinq heures & demie du ſoir. Dés ce moment qui donne ordinairement entrée aux débauches du lendemain, tout le monde s'appliqua ſerieuſement à l'affaire de ſon ſalut; vn chacun r'entrant dans ſoy-meſme, & ſe conſiderant comme ſur le poinct d'eſtre abiſmé, & d'aller comparoiſtre deuant Dieu, pour y receuoir ce iugement deciſif de l'eternité, qui eſt terrible aux ames les plus ſaintes. De ſorte que le Mardy-gras fut heureuſement changé en vn iour de Vendredy Saint, & en vn iour de Paſque. Il nous repreſentoit le iour du Vendredy Saint, dans la modeſtie & l'humilité, & dans les larmes d'vne parfaite Penitence. Iamais il ne ſe fit de Confeſſions qui partiſſent plus du fond du cœur, & d'vn eſprit vrayment épouuanté des iugemens de Dieu. Ce meſme iour nous paroiſſoit auſſi comme vn

iour de Pafque, par la frequence
des Communions que la plufpart
faifoient comme la derniere de
leur vie. Le Saint temps du Ca-
refme ne fut iamais paffé plus fain-
tement, les Trembles-Terre qui
continuoient, faifans continuer
l'efprit de componction & de la
penitence.

Mais ne parlons icy que de nos
Sauuages, qui pour eftre Barbares ne font pas infenfibles aux
touches du Ciel.

Outre les reftes de l'Eglife Huronne, nous auons eu cét Hyuer
aux enuirons de Quebec trois à
quatre cens Algonquins, les vns
anciens Chreftiens, & anciens Habitans de Sillery, d'où la crainte
des Iroquois les auoit chaffez, pour
trouuer vn afyle plus affeuré dans
le cœur de Quebec ; les autres

eſtoient eſtrangers venus en partie
de l'Acadie où ils auoient paſſé
trois ou quatre ans ſans inſtru-
ction, en partie deſcendus par le
Saguenay, riuiere de Tadouſſaq,
fuyants auſſi le commun ennemy,
qui l'an paſſé auoit porté le raua-
ge iuſques dans leur païs, quoy
que bien écarté vers le Nord ;
Ceux-cy n'auoient jamais veû de
François, & n'auoient jamais entendu parler de la Foy, & peut-
eſtre n'en auroient jamais entendu parler, ſi l'aimable Prouidence ne ſe fuſt ſeruie des Iroquois
meſme, pour faire venir icy ceux
qu'ils nous empeſchent d'aller
chercher chez eux ; Il eſt vray que
le Demon qui ne s'endort jamais
pour la conſeruation de ſon
Royaume, nous a ſuſcité vn Ennemy domeſtique plus cruel de

beaucoup que l'ennemy public:
c'eſt la manie de quelques Sauuages à prendre des boiſſons par ex-
cés, & la manie de quelques François à leur en vendre. Tous les
Ameriquains ont d'abord de l'horreur de nos vins; mais quand ils
en ont vne fois gouſté, ils les re-
cherchent auec vne telle paſſion,
que les vns ſe mettent à nud &
reduiſent leur famille à la mendi-
cité, & quelques autres vendent
iuſqu'à leurs propres enfans, pour
auoir dequoy contenter cette paſſion enragée.

Ce mal eſt vniuerſel en ces
contrées, puiſque depuis Gaſpé
(d'où vn bon Eccleſiaſtique eſcrit
en propres termes que le Chriſtianiſme eſt entierement ruiné
parmy les Sauuages à cauſe de
l'yurognerie) il s'eſtend iuſques
aux Iroquois.

Ie ne' veux pas defcrire les malheurs que ces defordres ont caufé à cette Eglife naiffante. Mon encre n'eft pas affez noire pour les dépeindre de leurs couleurs, il faudroit du fiel de dragons pour coucher icy les amertumes que nous en auons reffenty : C'eft tout dire que nous perdons en vn mois les fueurs & les trauaux de dix & vingt années.

Il eft vray que ceux de nos Sauuages qui font les plus retenus, s'eftoient retirez à Sillery, pour fe conferuer entre quatre murailles, pluftoft contre ce Demon, que contre l'Iroquois : Ceux des Trois Riuieres ont trouué vn femblable afyle dans vn Fort que nous leur auons bafty fur vn Cap qui prend fon nom de Monfieur de la Magdeleine, qui a eu deffein en don-

nant cette terre qu'elle feruift à
la conuerfion des Sauuages.

Ces deux Colonies ainfi ren-
fermées comme dans deux Monafteres, y ont pratiqué toute forte d'exercices de pieté, & y ont
efté inftruits à loifir, faifant de
ces deux forts comme deux Aca-
demies de vertu. Voicy ce que les
Peres qui cultiuent cette Eglife
Algonquine de Sillery en difent.

Les Trembles-terre ont fait paroiftre la Foy de nos Neophytes,
& l'apprehenfion qu'ils ont des
iugements de Dieu, aux bontez
duquel ils ont eu recours auec v-
ne confiance extraordinaire. Il ne
falut pas les inuiter à fe confeffer,
ils y vinrent d'eux mefmes, auec
des fentiments qui dõnoient bien
à cognoiftre qu'ils eftoient beaucoup touchez; l'Eglife a efté leur

afyle

afyle ordinaire où ils fe tenoient
en affeurance deuant le tres-faint
Sacrement : Et quelques-vns y
recitoient autant de fois le Cha-
pelet que la Terre trembloit :
C'eftoit vne grande confolation
de voir auec quelle confiance ils
s'addreffoient à la Mere de Dieu,
à Saint Iofeph fon Efpoux , & à
Sainct Michel Patron de cette
Miffion. Ce grand Archange y a
efté particulierement honoré &
des François & des Sauuages, qui
y font venus de loin fe mettre
fous fa protection, & accomplir
leurs vœux.

Vn Vendredy entr'autres les Sauuages des enuirons firent vne Pro-
ceffion folennelle de deux , trois,
& mefme quelques-vns de fix à
fept lieuës loin, pour fe rendre à la
Croix de Saint Michel : il y auoit

C

des Vieillards tout caducs ; il y
auoit des enfans de plus bas aage
qui s'eſtoient échappez des mains
de leurs parents , tous à ieun , &
tous conſacroient le chemin par
leurs prieres , iuſqu'à ce qu'ap-
prochans du terme , les Sauuages
habitans de Sillery furent bien
loin à la rencontre , pour les receuoir , faiſant de leur coſté vne
autre Proceſſion , & s'eſtant ioints,
arriuerent tous enſemble dans l'E-
gliſe, où aprés la Sainte Commu-
nion, que pluſieurs eurent le bon-
heur de receuoir , ils ſe firent de
nouuelles proteſtations d'appaiſer
la colere de Dieu par l'innocence
de leur vie.

C'eſt vne grande ſatisfaction
(continuënt les Peres) de voir
auec quelle vnion ils viuent entre eux : nous auons ſouuent ad-

miré la bonté d'vne ancienne Chreſtienne qui s'appelle par excellence la Charitable. Elle eſt le refuge des Orphelins, qu'elle adopte, & qu'elle éleue auec vn ſoin tres-particulier : Dieu benit extraordinairement ſa charité; car elle a touſiours de quoy pour faire ſubſiſter ſa famille, quoy que nombreuſe. Ayant eſté affligée d'vne maladie qui la mit en danger de mort, elle endura ſon mal auec vne patience & vne reſignation au bon plaiſir de Dieu, qui n'eſt pas commune : Voicy la penſée auec laquelle elle ſe diſpoſoit à la mort : *Toy qui as tout fait, tu m'as donné deux Enfans : ils ſont morts ieunes ; tu les as appellez à ton Paradis, i'eſpere que tu me feras la meſme faueur, & que ie t'aimeray eternellement auec eux.* Dieu voulant

C ij

augmenter sa couronne , luy a
redonné la santé, qu'elle employe
tres-bien : Sa charité parut il y a
quelques iours à l'endroit d'vne
ieune femme Françoise , qu'elle
assista dans ses premieres cou-
ches , où elle couroit grand risque de sa vie , auec vne adresse
& vne affection qui n'a rien de
Sauuage.

C'est vne verité qu'on a re-
connuë depuis long-temps , que
les Sauuages aiment tendrement
leurs enfans , de cet amour que
la Nature a graué dans leurs cœurs:
Mais nous experimentons tous
les iours qu'ils ne les aiment pas
moins de cet amour surnaturel
qui les porte à leur procurer
vne education toute Chrestienne:
Leur ioye, c'est de voir qu'on les
instruise à prier Dieu , & qu'on

les dreſſe aux vertus dont ils ſont
capables : S'ils ſont malades , ils
n'ont point de plus grande conſolation que lors qu'on vient à
faire quelque priere ſur eux. Voicy vn traict d'vn amour bien tendre d'vne bonne veufue : quoy
qu'il ne ſoit que naturel, il ne laiſſe pas d'auoir ſes beautez : Vn de
nous l'ayant appellée à l'Egliſe pour
luy donner quelques inſtructions,
& luy ayant demandé en ſuitte
ſi elle ſentoit quelque choſe qui
luy donnât de l'inquietude ; vne
ſeule choſe, dit-elle, c'eſt lors que
mon petit enfant pleure , & que
ie n'ay point de pain pour l'appaiſer : Voilà l'vnique choſe qui
m'afflige en ce monde. Tu ne ſe-
ras plus en cette peine (luy re-
pliqua le Pere) amene le moy
lors qu'il pleurera , i'eſſuieray ſes

C iij

larmes & les tiennes: Cette respon-
se a chassé tout son déplaisir, elle
amene son petit fils tous les iours
pour luy procurer du pain, qui leur
est vn mets fort delicieux, & dont
ils font beaucoup de cas.

Pour ce qui est des Sauuages
estrangers venus icy de nouueau,
ceux qui n'auoient eu aucune connoissance de nos mysteres , ont
esté instruits à loisir , & baptisez
au nombre de quatre-vingts, estans
redeuables de ce bonheur à vne
pauure femme toute estropiée de
ses iambes , dont elle n'a aucun
vsage ; & qui nonobstant cela , a
bien eu le courage d'entreprendre vn long chemin tout rempli
de saults & de precipices, depuis
les terres du Nord iusques icy,
pour y amener ses compatriotes,
& leur faire part de la grace qu'elle

receut il y a trois ans, quand elle
fut baptisée comme moribonde
au milieu des Forests , n'ayant
point cessé depuis ce temps-là
de prier Dieu, & d'exhorter ceux
de sa nation à se venir faire instruire. Ils y sont donc venus, &
au lieu de la famine qu'ils ont
quitté dans leurs bois , ils ont
trouué icy la maladie , dont Dieu
a voulu esprouuer ces pauures
Catechumenes, pour faire esclater
dauantage leur Foy : Car de vray
le Pere qui a soin d'eux, leur ayant
demandé , s'ils estoient contens
d'embrasser le Christianisme, nonobstant toutes ces maladies; Helas! (respondoient-ils) crois-tu
que nous puissions auoir passé tant
de rochers , & trauersé tant de
Forests pour autre sujet ; Nous
sommes esclaues du demon , &

C iiij

nous defirons eftre affranchis de
cette cruelle feruitude , qui iet-
teroit nos corps & nos ames dans
des feux qui ne meurent iamais.

Ces fentimens font femblables
à ceux qu'a remarqué celuy de
nos Peres qui a eu le foin des
Miffions qui font au deffous de
Tadouffacq : Ce font des Eglifes
errantes compofées des Sauuages
qui habitent plus de cent lieuës
de long fur les coftes de la mer:
Leur vie eft prefque femblable à
celle des beftes , auec lefquelles
ils habitent dans les mefmes Forefts, foit pour le viure, foit pour
le couurir, foit pour le logement,
changeants comme elles de demeure, felon les faifons. De tous
ces peuples les vns ont reffenty
le Tremble-terre , & les autres
n'en ont eu connoiffance que par

rapport : Mais & les vns & les
autres ont fait enfuitte paroiftre
vne ardeur fi extraordinaire pour
eftre inftruits, que le Pere raui
& comblé de tant de faints defirs,
n'a pû refufer le S. Baptefme à
ces pauures abandonnez : Il faifoit beau voir ces deuots Barbares, dont quelques-vns venoient
de bien loin en danger de tomber entre les mains des Iroquois,
& de leurs autres ennemis, pour
pouuoir eftre inftruits ; Il faifoit,
dis-ie , beau voir des Iongleurs
rompre & brifer leurs Taberna-
cles, des Apoftats crier mifericorde , & demander auec abondance de larmes d'eftre admis dans
l'Eglife , des petits enfans faire
retentir leurs voix du petit Cate-
chifme & de prieres qu'ils recitoient , & des Vieillards deuenir

les Difciples de ces enfans pour
les apprendre, & courir aprés le
Pere par tout où il alloit, fans luy
donner relafche ny iour ny nuict,
pour ne rien perdre de fes inftructions: Ie ne t'ay iamais veû, mon
Pere: (luy difoit vn de ces Vieillards âgé de plus de cent ans,
que la Prouidence fit arriuer à
l'emboucheure d'vne petite Riuiere en mefme temps que le Pere)
ah! c'eft toy qui feras mon Pere,
tout vieux que ie fois, & nonob-
ftant la mort qui me talonne, tu
me donneras la vie, fi tu me veux
donner le Baptefme : Ie te donne mes enfans, mes nepueux, &
toute ma nation que ie vay faire
venir pour receuoir tes inftructions.

Que le Ciel entend volontiers
ces paroles fortir de la bouche &

du cœur de ces pauures Barbares,
qui dans leurs grandes Forefts
n'ont que le Saint Efprit pour
maiftre, pour Pafteur & pour In-
ftructeur.

CHAPITRE IV.

Diuerfes guerres des Iroquois,
& leur fuccés.

DEs l'an paffé les Agnieronnons & les Onneiochron-
nons, qui des cinq nations Iroquoifes font les plus fuperbes,
firent vn party de cent hommes,
pour aller dreffer des embufches
aux Ontaoüax qui font nos Algonquins fuperieurs, & les fur-
prendre dans l'embaras de quelque fault : Ils partent à ce def-

fein dés le Printemps de l'année 1662. leurs prouifions font au bout de leurs fufils, & les Bois qu'ils trauerfent feruent de baſſe-cour, de cuiſine, & de giſte : Les plus courts chemins ne font pas les meilleurs ; parce qu'ils font trop battus, & les eſgaremens font les heureux voyages, parce qu'on ne fe perd point dans ces Foreſts qu'on ne trouue des beſtes qui fe retirent dans les bois les plus eſ-cartés.

Aprés qu'ils eurent fait aſſez long-temps le meſtier de Chaſ-feurs, ils fe font Guerriers, voyant qu'ils approchoient le païs enne-my : Ils fe mettent donc à roder les riues du Lac des Hurons, cher-chans leurs proyes, & penſant fur-prendre quelques chaſſeurs efcar-tés, ils furent eux-mefmes furpris

par vne trouppe de Sauteurs (ainſi
nomme-t-on les Sauuages qui de-
meurent aux enuirons du ſault du
Lac Superieur.) Ceux-cy ayant
découuert l'ennemy, firent leurs
approches ſi hardiment ſur le
point du jour, qu'aprés la déchar-
ge de quelques fuſils, & enſuitte
celle de leurs fleſches, ils ſautent
la hache à la main, ſur ceux que
le feu ou le fer auoient épargné :
Les Iroquois, tout orgueilleux
qu'ils ſont, & qui n'ont pas iuſqu'à preſent appris à fuir, euſſent
bien voulu le faire, ſi les traits qui
leur eſtoiét dardés de toutes parts,
ne les euſſent arreſtés : de ſorte
qu'il ne s'en eſt ſauué que fort
peu, pour porter dans leur pays
vne ſi triſte nouuelle, & remplir
leurs bourgs de lamentations, au
lieu de cris de ioye, qui auoient

couſtume d'y retentir au retour des
guerriers. Cela montre bien que
ces peuples ne ſont pas inſurmon-
tables, quand on les attaque auec
courage.

Les trois autres nations Iroquoiſes n'ont pas eu meilleur ſucces
dans vne expedition qu'ils ont
entrepris contre les Andaſtogué-
ronnons, Sauuages de la nouuelle Suede, auec qui la guerre
s'eſt allumée depuis quelques
années : ils compoſent donc vne
armée de huict cens hommes,
ils s'embarquent ſur le Lac On-
tario, ſur le commencement du
mois d'Auril dernier ; ils vont
chercher à l'extremité de ce beau
Lac vn grand fleuue, preſque
ſemblable à celuy de noſtre Saint
Laurens, qui mene ſans rapides
& ſans ſaults iuſques aux portes

de la Bourgade d'Andaſtogué:
Nos guerriers y arriuent, aprés
auoir nauigé plus de cent lieuës
ſur cette belle Riuiere. Ils ſe cam-
pent aux poſtes les plus auanta-
geux, & ſe preparent à vn aſſaut
general, penſant à leur ordinaire
enleuer tout le bourg, & retourner au pluſtoſt chargez de gloire
& de captifs : Mais ils virent que
ce bourg eſtoit defendu d'vn
coſté, du fleuue ſur les bords duquel il eſtoit ſitué ; de l'autre coſté, d'vne double courtine de
gros arbres, flanquée de deux ba-
ſtions dreſſez à l'Europeanne, &
meſme garnis de quelques pie-
ces d'Artillerie : les Iroquois ſur-
pris de ces defenſes ſi bien pratiquées, quittent la penſée de l'aſ-
faut , & aprés quelques legeres
eſcarmouches, ont recours à leur

foupleffe ordinaire , pour auoir par fourbe ce qu'ils ne pouuoient emporter par force : Ils font donc ouuerture de quelque pourparler , ils s'offrent d'aller dans la place affiegée iufqu'à vingt-cinq hommes , partie pour traiter de paix , difoient-ils , partie pour achepter des viures pour leur retour ; on leur ouure les portes, ils entrent ; mais à mefme temps on fe faifit d'eux , & fans plus differer, on les fait monter fur des efchafauts , & â la veuë de leur propre armée , ils furent brûlez tout vifs : Les Andaftogueronnons declarans ainfi la guerre plus chaudement que iamais, donnerent affeurance aux Iroquois que ce n'eftoit-là que le prelude de ce qu'ils alloient faire chez eux. Et qu'ils n'auoient qu'à s'en

retourner

retourner au pluſtoſt ſe preparer à vn ſiege, ou du moins à voir leur campagnes deſolées.

Les Iroquois humiliez de cet affront plus qu'on ne peut penſer, ſe debandent & vont ſe mettre ſur la deffenſiue, eux qui iuſqu'à preſent auoient porté leurs armes victorieuſes par toutes ces terres. Mais que feront-ils ? La petite verolle qui eſt la peſte des Ameriquains, à fait de grands degaſts dans leurs Bourgades, & a enleué outre grand nombre de femmes & d'enfans, des hommes en quantité : De ſorte que leurs Bourgs ſe trouuent preſque deſerts, & leurs champs ne ſont qu'à demy cultiuez. Les voilà donc menacez à meſme temps des trois fleaux qu'ils ont ſi bien meritez par la reſiſtance qu'ils ont appor-

D

té à la Foy, & par la perfidie dont ils ont vsé sur les Predicateurs de l'Euangile. Dans ces extremitez ils ne voyent aucun iour à leurs affaires, que du costé des François, qui seuls peuuent les conseruer, fortifiants leurs Bourgs, & les flanquants de Bastions, pour les mettre en deffense contre l'armée ennemie, si elle se presentoit. Ils preparent pour cela vne celebre Ambassade pour nous venir inuiter auec de beaux presents, d'aller tout de nouueau habiter leurs terres, auec dessein de nous faire esperer de leurs petites filles en ostage, comme nous leur en auons demandé souuent, pour les mettre chez les Meres Vrsulines, & y estre cultiuées, instruites & disposées au Baptesme par les soins de ces bonnes

Religieuſes , qui n'aſpirent qu'à
de ſi Saints emplois , ayans pour
ce ſuiet immolé leur vie aux perils de l'Occean , & aux rigueurs
de ce pays. Les Iroquois eſtoient
donc ſur les termes de cette Ambaſſade , & tout preſts (comme
ils parlent) à mettre le Canot à
l'eau, quand vn fugitif Huron de
Nation , mais naturaliſé parmy
les Iroquois , s'eſtant euadé des
Trois Riuieres , & arriuant à meſme temps qu'on eſtoit ſur le depart , rapporta fauſſement qu'on
ſe diſpoſoit à Quebec à vne cruelle guerre, que des milliers de ſol-
dats auoient paſſé la Mer pour
venir enleuer toutes leurs Bourgades , & que les Ambaſſadeurs
ſeroient maſſacrez , ou du moins
enuoyez en France, pour y eſtre
captifs le reſte de leurs iours : Ce

D ij

fugitif auoit entendu quelque
chofe du fecours qu'on nous pro-
mettoit ; & c'eft ce qui le faifoit
parler ainfi. A cette nouuelle, la
frayeur faifit les Ambaffadeurs,
la partie fe rompt, & il n'y en eut
qu'vn qui eut le courage de venir
iufqu'à Quebec, pour s'informer
de tous ces rapports. Nous l'a-
uons receu comme amy ; mais
nous l'auons regardé comme Ef-
pion , car nous n'auons pû voir
clair dans fes difcours , tant ces
peuples font couuerts & rompus
à la diffimulation.

Ce que nous auons apris de
certain, eft que les maladies ont
efté tres-grandes chez eux , &
qu'elles ont donné occafion à
quelques François Captifs , de
baptifer plus de trois cens enfans
moribonds, & mefmes plufieurs

perfonnes adultes, qui fe voyans à l'extremité , & fe fouuenant fort bien des inftructions que nous leur auions données lorsque nous eftions en leurs Bourgs d'Onnon-tagne & d'Oioguen , prioient eux-mefmes leurs Captifs de les mettre dans la liberté des enfans de Dieu, par les eaux du faint Ba-ptefme : Ainfi la femence iettée en terre porte fon fruit en fon temps , comme dit le Fils de Dieu , & les fueurs dont nous auons arroufé ces Miffions , & que nous penfions deuoit-eftre inutiles , fe trouuent auoir pro-duit bien des fruits pour l'Eterni-té.

D iij

CHAPITRE V.

Diuers meurtres commis à Montreal par les Iroquois & les Hurons.

NOs ennemis qui se sont trouués cette année occupez ailleurs, nous ont laissé cultiuer nos terres en asseurance, & joüir comme d'vn auant-goust, du repos que nostre incomparable Monarque nous va procurer, pour faire passer au delà des Mers la paix qu'il a estenduë de tous costez au delà de la France. Il n'y a que le Montreal qui a esté teint du sang de François, & d'Iroquois & de Hurons.

Ie commence par vn triste accident arriué à quelques Hurons,

qui depuis peu auoient quitté le
païs ennemy , & s'eſtoient refu-
giez à Montreal , pour y viure
Chreſtiennement. Si jamais les
Iroquois ont fait paroiſtre vne
inſigne perfidie, c'eſt en ce que
je vay dire: Ils ſe firent voir dans
le mois de May dernier ſur les
Coſteaux de Montreal au nombre de ſept Agnieronnons , &
demanderent à parler : On les
eſcoute , ils propoſent le deſſein
d'vne celebre Ambaſſade, pour
ne faire plus qu'vne Terre de celle des François & des Iroquois.
On aggrée cette propoſition, &
on leur fait trois preſens pour les
aſſeurer que les Ambaſſadeurs
ſeront les biens-venus , pour-
ueu qu'ils amenent auec eux
le reſte des François qui gemiſ-
ſent encor dans leur captiuité:

D iiij

Ils s'y accordent, & pour preuue
de leur sincerité , s'offrent à lais-
ser comme en ostage quatre des
leurs, pendant que les trois autres iront au pluftoft trouuer les
Anciens, pour hafter l'Ambaffa-
de. On tombe d'accord auec
eux de cet expedient , & on re-
çoit auec plus d'appareil qu'on
peut , ces quatre nouueaux ho-
ftes: On les mene dans la Cabane des Hurons, pour y loger plus
commodément : Ce ne font que
feftins, que chants , que danfes,
que prefens reciproques ; bref
l'on n'oublie aucun tefmoignage
de rejoüiffance. Le foir venu, les
prieres fonnent à l'ordinaire pour
les Sauuages : les Iroquois s'y
prefentent , & donnent grande
confolation à vn de nos Peres
qui voyoit croiftre fon petit trou-

peau : tout le reste du soir se
paſſa en entretiens familiers , en
bonnes cheres , & dans toutes les
priuautez qu'on peut ſouhaitter
des amitiez les plus cordiales.
Apres toutes les rejoüiſſances ordinaires en de ſemblables occaſions , chacun ſe retire pour prendre vn peu de repos : Il n'y
auoit pour lors dans la Cabane
des Hurons qu'vn homme , deux
femmes, vn ieune garçon , &
trois filles : tous les autres eſtants
à la chaſſe depuis quelque-temps.
Sur la minuict ces quatre traiſtres
ſe leuent , & à grands coups de
haches donnent ſur ces pauures
gens endormis, mettent toute la
Cabane en ſang ; & ayant fendu
la teſte à l'homme , laiſſent les
deux femmes pour mortes toutes
chargées de playes, & emmenent

captiues les trois petites filles, le ieune garçon s'eſtant heureuſement échappé des mains de ces Barbares.

Tout cela ne ſe paſſa pas ſans bruit, les François y accourent de tous coſtez, mais trop tard : Les fugitifs s'eſtans ſeruis des tenebres de la nuit pour couurir leur perfidie, s'en ſeruent encor pour cacher leur fuitte : On trouue vn pitoyable ſpectacle dans la cabane, trois corps nageants dans leur ſang, & horriblement defigurez : On s'approche, & l'on s'apperçoit qu'vne des deux femmes nommée Helene, auoit encor vn peu de vie : Dieu ſans doute voulant comme par miracle luy prolonger les iours pour faire paroiſtre ſa vertu, qui ne deuroit jamais mourir dans la memoire des hommes : Elle faisoit dans le païs des Iroquois ce que le bon Tobie faisoit parmy les Assiriens, elle assistoit les pauures & les Captifs, toute pauure & captiue qu'elle estoit, elle enseuelissoit les morts, & comme il est souuent arriué dans la primitiue Eglise, elle se trouuoit proche des Chrestiens Captifs, quand on les brûloit, ne craignant pas de monter sur les eschaffauts pour les encourager à tenir ferme dans la Foy, ny de s'approcher de ces corps à demy-bruslez, pour leur suggerer de courtes & feruentes prieres dans le fort de leurs tourments ; Se meslant parmy les Boureaux pour animer ces patients à mourir Chrestiennement, & dans la profession publique de la Foy : Sa plus grande affliction, dans le mal-heur qui luy vient d'arriuer, n'eſt pas de ſe voir toute taillée de bleſſures & toute dégoutante de ſon ſang ; mais c'eſt la perte de ſes pauures filles qui ſont enleuées, & qu'elle regrette auec des larmes de ſang, non pas tant parce qu'elles ſont la proye de ces Barbares, que parce qu'elles ſont en danger d'eſtre celle des Demons : Elle dit douze & treize Chapelets par iour pour obtenir de Dieu leur deliurance : Peut eſtre aura-il eſgard à des prieres ſi feruentes & ſi iuſtes d'vne mere affligée.

Les Hurons ſe voyans ſi mal-traitez de leurs ennemis, chercherent enſuitte les occaſions de tirer raiſon de cette perfidie. Voicy celle qui ſe preſenta.

Le vingt ſixieſme May aborde

à Montreal vn Canot conduit par cinq Iroquois Onnontaghéron-nons, vn defquels eftant malade demandoit d'eftre admis à l'Hô-pital ; ces Barbares fçachants bien qu'à Quebec & à Montreal il y a de faintes Filles (ainfi nom-ment-ils les Religieufes) qui con-facrent leurs foins & leurs tra-uaux à ces emplois de charité ; dont la reputation s'eftant efpan-duë bien au large dedans nos fo-refts, & gaignants le cœur de la barbarie mefme par de fi charita-bles offices, attira ces Iroquois à venir mettre leur malade en fi bonne main. Il eft donc receu charitablement, & fi bien traité, qu'au bout de huit iours le voilà fur-pied, & preft à s'embarquer auec fes compagnons : Mais les Hurons qui eftoient pour lors à

Montreal , dont les playes n'é-
toient pas encore fermées , iugerent felon le fentiment des François mefmes , que ces Iroquois
n'eftoient que des Efpions , &
qu'il eftoit temps de lauer par leur
fang celuy de leurs parents tout
fraifchement refpandu : Ils les
laiffent donc embarquer, les attendent à vne pointe de terre,
proche de laquelle ils deuoient
paffer , font leur defcharge fur
eux , en tüent vn fur la place à
qui ils enleuent la cheuelure, qui
eft le Trophée ordinaire & la mar-
que de la victoire : les autres dan-
gereufement bleffez furent retirez de leurs mains par les François , & vn d'eux fe trouuant en
danger de mourir , fut inftruit
par le Pere qui eftoit pour lors à
Montreal ; & comme ils ont tous

souuent entendu parler de nos
mysteres, il fut aisé de le mettre
en estat de receuoir le saint Baptesme ; bon-heur qu'il ne payera
iamais assez, quand il verseroit le
reste de son sang pour l'obtenir.
C'est ainsi que Dieu prend ses
Eleuz, par des voyes impreueuës
à nos petits entendements ; mais
par des desseins eternels, qui font
acheminer les accidents les plus
inopinez à sa gloire & au salut des
Predestinez.

Ce triage que fait cette douce &
sage Prouidence, a paru encor admirable en la personne d'vn autre
ieune Iroquois, qui estant arriué
à Montreal auec son oncle, écou-
ta volontiers les instructions que
le Pere faisoit à l'vn & à l'autre ;
mais le nepueu se rendoit tout
doucement aux attraits de la gra-

ce, pendant que l'oncle non feulement y apportoit de la refiftan-
ce, mais y ioignoit les railleries
& les impertinences: de forte que
le plus ieune eftant tombé peu
apres malade, fe trouua tout dif-
pofé au faint Baptefme, qu'il receut auec des fentimens de pieté
qui paffent la portée d'vn Barbare, & mourut auec des marques
d'vne vraye foy, laiffant fon oncle
dans l'aueuglement de fon infi-
delité.

Refte à voir par quel accident
les François ont eu part au fang
refpandu, auffi bien que les Hurons & les Iroquois. La veille de
la Pentecofte, vne Troupe de
quarante Guerriers, partie Agnieronnons, partie Onneiochron-
nons, s'eftans approchez de nos
champs, pendant que quelques
laboureurs

laboureurs y trauailloient, forti-
rent à l'improuiste fur eux, & felon
leur couftume ayant remply l'air
d'vn cry effroyable, pour jetter
la terreur dans l'efprit de ceux
qu'ils attaquent, firent la déchar-
ge de leurs fufils, & fe ruerent fur
deux des François, qui eftoient
plus occupez à leur trauail, que
fur leur deffenfe: ils les prennent,
les garottent, & comme s'ils euf-
fent fait quelque grande conque-
fte, s'en retournent bien ioyeux
de cette proye, fur qui ils vont
raffafier leur cruauté, & déchar-
ger leur colere, comme fur de
pauures victimesdeftinées au feu.

Vn de ces deux François, qui
eut l'œil creué en cette rencontre, s'eftoit affocié depuis peu
auec plufieurs autres familles des
plus deuotes & des plus exem-

E

plaires de Montreal, pour se mettre tous ensemble sous la protec-
ction particuliere de la sainte Famille de IESVS, MARIE, IO-
SEPH. Ce bon-homme ne fut
pas pluſtoſt ſaiſi, que leuant les
mains au Ciel, il fit vne priere
feruente & pleine de foy, qu'il
adreſſa à la Sainte Vierge, laquelle il coniuroit de ne pas per-
mettre qu'vn des enfans de ſa
famille fûr mal traitté : L'effet
ſuiuit la priere, parce qu'il ſe
trouua libre de toute crainte: il
ne luy ſembloit pas qu'il allaſt
au feu, tant il ſuiuoit volontiers
ſes Bourreaux; & meſme tous les
ſoirs quand on l'eſtendoit, &
qu'on le lioit à des pieux enfon-
cez dans terre par les pieds, par
les bras, & par le col, il ſe cou-
choit ſur ce Cheualet, comme il

eût fait sur son lict, & presen-
tant ses mains & ses pieds pour
estre garottez , il leur disoit : les
voila, liez , serrez , mon Dieu a
bien fait plus que tout cela pour
moy , quand on l'estendoit sur la
Croix , ie suis content de vous
obeïr, en imitant l'obeïssance que
mon Maistre a rendu à ses bourreaux. Ces pensées le fortifioient
tellement, & luy donnoient vne
si forte esperance de sa liberté,
que quand il se trouuoit quelque
fault à franchir , ou quelque endroit dangereux à passer : acheuez , ma bonne Mere, acheuez ce
que vous auez commencé, disoit-
il à la sainte Vierge , auec vne
confiance filiale.

Cependant il se faisoit de longues prieres pour luy à Montreal,
par ceux au nombre desquels il

s'eſtoit aſſocié, qui ne pouuoient
ſe perſuader qu'vn fils adopté de
la Vierge, deuſt perir de la façon :
Neantmoins il approche toûjours du pays ennemy, & par con-
ſequent de la mort : Ses liens ne
ſont pas diminuez , ſes gardes
veillent touſiours ſur luy , & la
playe de ſon œil creué qui n'eſtoit
point panſée depuis huit iours, ſe
chargeoit de pus, & le menaçoit
de la gangrene : En vn mot les victorieux voulans au pluſtoſt joüir
des fruits de leur victoire, qui ſont
de bruler à leur aiſe leurs Captifs,
ſe partagent pour prendre le plus
court chemin. Les Agnieronnons
tendent droit à Agnié, & les On-
neiochronnons chez eux, ayants
partagé leurs deux priſonniers :
celuy dont ie parle, eſtoit eſcheu
aux Agnieronnons , qui eſtants

en bien plus grand nombre que les autres, donnoient moins de lieu à noſtre pauure homme de s'eſchaper, auſſi n'y penſoit-il pas voyant la choſe entierement impoſſible, & ne deſeſperoit pas pourtant de l'aſſiſtance de ſa chere Protectrice. Le Chapitre ſuiuant nous apprendra ce qui en arriua.

CHAPITRE VI.

Victoire des Algonquins ſur les Iroquois, & la deliurance d'vn Captif François.

IL ne s'eſt iamais veu, & ne ſe verra iamais qu'vn des ſeruiteurs de MARIE periſſe, dit vn des grends Deuots de cette ſainte

Vierge. Ce Chapitre nous four-
nit deux exemples de cecy tout à
la fois.

Les Algonquins refidents de
Sillery, apres y auoir paffé l'Hyuer
dans l'innocence & dans la pieté,
fe refolurent fur le Printemps
d'aller à la petite-guerre ; mais
c'eftoit vne guerre faincte, parce
que tous les lieux qui leur feruent de gifte, leur font comme
autant de Sanctuaires, qu'ils con-
facrent par des prieres addreffées
à la Mere de Dieu, auec tant de
ferueur & de conftance, qu'vn de
nos François, qui par hazard fut
de la Trouppe, eftoit tout furpris de voir des Barbares fi deuots, & des foldats Sauuages ef-
galer la pieté des meilleurs Chreftiens. Ils n'eftoient que quarante, mais le courage eftoit plus

grand que le nombre : Ils arriuent aux Isles de Richelieu, sans
rien découurir ; ils entrent dans
la Riuiere qui porte le mesme
nom ; ils approchent du Lac
Champlain & s'y mettent en em-
buscade. A peine y sont-ils arri-
uez que la Prouidence qui ne
s'endort iamais sur les siens, fit
si bien que ces victorieux qui
venoient de faire coup à Montreal, & qui menoient nostre pauure François en triomphe, furent
découuerts par nos Algonquins,
qui les suiuent des yeux, & re-
marquent leur giste. Le soir venu, deux des plus hardis s'approchent pour s'esclaircir du nombre, de la posture, & des desseins
de l'ennemy, & apres auoir pris
toutes les connoissances necessai-
res, s'en retournent au plustost
E iiij

faire leur rapport : Nos foldats
Chreftiens commencent par la
priere qu'ils addreffent à la Sainte Vierge : Et puis s'eftant débar-
quez à nuit claufe, font leurs approches à la fourdine, ils enui-
ronnent le lieu où dormoient les
ennemis, & fe tenoient prefts de
les charger à la premiere pointe
du iour : Mais comme il eft bien
difficile de marcher la nuit, fans
faire du bruit, par le rencontre
de quelque branche, vn des chefs
des Iroquois fut eueillé ie ne fçay
comment. C'eftoit vn homme
courageux, nommé Gariftatfia
(le Fer) vigilant & fort renom-
mé pour les exploits qu'il a fait
fur nous, & fur nos Sauuages :
Il donne donc l'alarme à fes compagnons, qui font fi leftes en ces
occafions, qu'ils fe trouuerent

les armes à la main , & auffi-toft prets à combattre que les affail-lants: Nos Algonquins s'en eftans bien apperçeus, ne firent qu'vne fimple defcharge de leurs fufils, puis les iettant par terre, la hache & l'efpée à la main, tous nuds pour n'eftre pas embaraffez de leurs habits, fe rüent comme en fureur fur les ennemis, frappants à droit & à gauche , & faifants couler le fang de tous coftez : Les tenebtes de la nuit, qui n'é-toient pas encor bien diffipées , augmentoient l'horreur du com-bat : Les cris horribles iettez de part & d'autre , ioints auec les gemiffemens des mourants , fai-foient retentir tout le bois d'vn fon bien lugubre : Le Chef des Algonquins fe fignala par vn trait de courage qui n'eft pas commun. Il se nomme Gahronho, sa valeur merite que son nom ne soit pas mis en oubly. Ayant donc recognu que le chef des Iroquois estoit ce Garistarsia , son nom François, le Fer, si fameux, & si illustre par tant de calamitez, qui nous ont fait mesler souuent nos larmes auec nostre sang, donna droit à luy, n'aspirant à rien moins qu'à la conqueste de ce Conquerant : Il le poursuit de l'œil & du pied, dans la meslée, où il se demenoit à son ordinaire : il le ioint, & l'empoignant d'vne main par sa grande cheuelure, le veut obliger à se rendre : L'Iroquois trop superbe , & qui iusqu'alors n'auoit appris qu'à faire des cap-tifs , & non pas à estre fait cap-tif, resiste orgeüilleusement , & comme il estoit robuste & gene-

reux se iette reciproquement sur
les cheueux de son aduersaire, &
comme il estoit tout prest de luy
porter le coup de mort, il fut pre-
uenu par vn coup de hache, que
l'Algonquin luy dechargea sur la
teste, si rudement qu'il tombe à
terre, où son courage l'empes-
cha de se confesser vaincu, ne
cedant point la victoire qu'apres
auoir perdu la vie.

Le Chef estant à bas, ceux qui
restoient, ne songeoient qu'à la
fuitte, mais auec tant de precipi-
tation qu'il s'en trouua vn qui
couroit plus viste que le pas,
ayant le corps trans-percé d'outre en outre d'vn épée qu'vn
Algonquin luy auoit laissée dans
les flancs.

Pendant que tout cela se passoit, nostre pauure François spe-

ætateur de cette Tragedie , de-
meuroit par bon-heur pieds &
mains liez contre terre, n'atten-
dant plus que le dernier coup de
mort , & l'alloit receuoir de la
main d'vn des victorieux, qui frap-
poit à l'aueugle, sur tout ce qu'il
rencontroit , s'il ne se fust escrié
à luy : ie suis François : A ces mots
on s'arreste, on le reconnoist, on
se haste de le deliurer , pour ne
pas perdre vn temps si precieux
où il n'y auoit point de coups per-
dus :   Et l'on se precipita tant à
couper ses liens , qu'on pensa luy
couper vne iambe : Il n'en eut
que la peur ; & s'estant ietté à
deux genoux sur la terre , toute
trempée de sang ennemy, remer-
cia la Liberatrice, de ce qu'elle le
tiroit du milieu des feux où il alloit estre ietté : Et du depuis il

n'a pas esté mesconnoissant de ce bien-fait, ne pouuant entendre parler de la Saincte Vierge, sans fondre en déuotion, & publiant sans cesse les merueilles qu'elle a operées pour sa deliurance; car il deuoit mourir mille fois en cette attaque, par la gresle des bales qui sisloient à ses oreilles, & qui iettoiét par terre ceux qui estoient autour de luy, demeurant seul en vie, au milieu de tant de morts.

Reconnoissons aussi la mesme protection enuers les victorieux qui ont essuyé la decharge des ennemis, & se sont trouuez au milieu des haches & des espées, sans qu'aucun d'eux ait receu la moindre blessure du monde: Le Ciel a sans doute fauorisé leurs armes, qu'ils ont prises auec tant de pieté: aussi se sont-ils seruis de

leur victoire non pas en Barbares, mais en Chrestiens. Voyons-
le au Chapitre suiuant.

CHAPITRE VII.

Supplice de deux Iroquois pris par les Algonquins.

LE combat dont ie viens de
parler, ne dura pas long-
temps, car la premiere furie des
Algonquins fut si rude & si heureuse, que dix des Ennemis estants
tombez roides morts sur la place, trois furent arrestez en vie,
& les autres s'eschapperent tout
couuerts de blessures.

Les victorieux apres cette def-
faite retournent sur leurs pas, &
viennent tout triomphants à Sil-

lery pour y rendre graces au Ciel
de ce que dans cette victoire ils
ne se sont veus teincts que du sang
des ennemis : Ils y font entrer
leurs captifs, mais au lieu de la
gresle des bastonnades auec laquelle on a coustume de les receuoir, au lieu des doigts coupez,
des nerfs arrachez, & des autres
carresses, car c'est ainsi qu'ils nom-
ment les premiers tourments des
prisonniers, qui sont les preludes
de ceux qu'on leur fait souffrir en
les bruslant, au lieu, dis je, de toutes ces cruautez ordinaires, ils les
conduisent eux-mesmes dans la
Chappelle, les inuitent à la priere, les pressent de receuoir le
Baptesme, & entonnent deuant
eux des Cantiques de deuotion
pour les animer par leurs exemple ; Enfin ils les mettent entre

les mains d'vn de nos Peres qui ſçauoit leur langue, pour les inſtruire & les diſpoſer au Sacrement du Bapteſme, auant que de mourir. C'eſt peut-eſtre là vn des actes les plus Heroïques qui puiſſe eſtre pratiqué par des Sauuages ; Car qui ſçaura iuſqu'où va l'inimitié naturelle(i'oſe bien dire la rage)qui eſt entre ces deux Nations, l'Algonquine, & l'Iroquoiſe, pourra iuger de l'Empire de la Foy, qui a bien pû captiuer l'eſprit de ces Barbares iuſqu'à ce point : Les Hurons qui n'ont pas vne ſi grande haine contre l'Iroquois, puiſque ils ont preſque la meſme langue, en auoient tant neantmoins du commancement que nous les inſtruiſions, que lors qu'ils prenoient quelques-vns de ces ennemys, & que nous

taſchions

taſchions de les diſpoſer à receuoir les eaux ſalutaires au milieu
des flammes : hé quoy, nous diſoient-ils, mes freres ! voulez vous
que ces gens là aillent auec nous
en Paradis ? Comment y pourrons
nous viure en paix ? penſez vous
y pouuoir accorder l'ame d'vn
Huron auec celle d'vn Iroquois ?
Pauures ignorans qu'ils eſtoient
pour lors ! ils ne ſçauoient pas
encor, que ſelon S. Paul Dieu ne
fait pas le diſcernement entre le
Iuif & le Gentil, entre l'Iroquois,
le Huron, l'Algonquin & le François ; C'eſt ce que nos victorieux
ont appris depuis , & ce qu'ils
prattiquent à l'endroit de leurs
priſonniers.

Le Pere les prend donc à part,
les catechiſe , & le Saint Eſprit
trauaillant dans leurs ames bien

plus que luy, ils receurent ſes inſtructions à cœur ouuert, & ſe trouuerent apres trois jours & trois nuits, aſſez ſçauants, & dans vne ſaincte impatience d'eſtre baptiſez : Quel bon heur pour nous, diſoient ils, que celuy qui a fait le Ciel & la Terre, & qui n'a que faire de nous, nous ayt conſerué la vie à nous ſeuls, nous deſtinant au Paradis où il fait ſi beau ; pendant qu'il a laiſſé tomber nos Compagnons dans l'Enfer qui eſt vn lieu de ſupplices eternels; baptiſe-nous donc, mon oncle, nous ſommes preſts à tout, dis-nous ce qu'il faut que nous faſſions : ne ſont-ce pas là des ſentiments d'vn Saint Paul au temps de ſa conuerſion?

Les ſentiments de nos Algonquins ne ſont pas bien éloignez

de ceux d'vn Saint Paulin, puif-
que quelques-vns veulent s'immoler pour la conferuation de
ces pauures Captifs, & les autres voulants leur procurer vne
bien-meilleure liberté, font leurs
parrains dans leur Baptefme : ce-
remonie bien belle, de voir vn
Algonquin tenir fur les Saints-
Fonts vn Iroquois, & apres l'a-
uoir bien prefché, luy ouurir les
portes du bon-heur Eternel au
lieu de le ietter au feu.

Ces pauures prifonniers ne
fçauoient que penfer de ces merueilles : ils ne fe comprenoient
pas, & leurs dernieres chanfons,
qu'ils appellent cháfons de mort,
n'eftoient que fur la vie Eternel-
le. Les raifons d'Eftat les con-
damnoient à la mort; mais la pieté
chreftienne leur épargna les feux,

Deux ayant esté depéchez à coups du fusil ; Pour le troisiesme, il éstoit le propre fils d'vn de nos bons Hurons d'icy, qui ayant esté pris dez son enfance par les Agnieronnons, auoit esté eleué dans l'esclauage iusqu'à l'âge de quinze à vingt ans : Sa fortune en est d'autant plus admirable, ayant à mesme temps esté deliuré de la captiuité des Iroquois, & de celle des Algonquins, ayant échappé le fer dans le combat, & le feu apres sa prise, & ayant icy heureusement trouué son pere, & la vie qu'on luy donna en cette consideration.

Les Prisonniers que font sur nous nos ennemis, ne font pas traittez de cette façon ; mais ils n'en font pas moins heureux ; car ils font de bon cœur

leur Purgatoire dans les flames
des Iroquois , & souffrent leurs
cruautez pluſtoſt comme des Pe-
nitens , que comme des captifs.
C'eſt ce que nous auons appris
tout fraiſchemét de trois Hurons
qui ont eſté brulez à Agniée depuis peu , qui faiſoient vn San-
ctuaire de leurs braſiers , ne pouſ-
ſants du milieu des flames que
ces belles paroles, *l'iray au Ciel*:
ce qu'ils entonnoient auec tant
d'ardeur, que leurs boureaux meſ-
mes en eſtoient tout rauis. Il faut,
diſoient-ils, que ces gens là ſoient
bien aſſeurez du bon-heur de
l'autre vie , puis qu'ils font ſi peu
d'eſtat des tourments de celle-cy.
C'eſt ce que nous a rapporté la
bonne Heleine dont nous auons
parlé , laquelle a receu les derniers ſoupirs de ces bons Chre-
F iij

ftiens , apres les auoir encouragez
à mourir conſtamment dans la
profeſſion de la Foy.

CHAPITRE VIII.

*De la Miſſion des Outaoüax & de la
precieuſe mort du Pere René Menard
& de celle de ſon Compagnon.*

NOvs allons voir vn pau-
ure Miſſionnaire vſé des
trauaux Apoſtoliques , dans leſquels il a blanchy, chargé d'années & d'infirmité , haraſſé d'vn
faſcheux & penible voyage, tout
degouttant de ſueurs & de ſang,
mourir tout ſeul dans le fonds
des bois , à cinq cens lieuës de
Quebec ; laiſſé en proye aux beſtes carnacieres , à la faim , & à

toutes les miseres ; & qui selon
ses souhaits, & mesme selon sa
prophetie, imite en sa mort l'a-
bandon de Saint François Xauier,
dont il auoit tres - parfaitement
imité le zele pendant sa vie. C'est
le Pere René Menard , qui depuis plus de vingt ans a trauaillé
dans ces rudes Missions, où enfin s'estant perdu dans les bois,
en courant apres la brebis ega-
rée , il a heureusement consom-
mé son Apostolat par la perte de
ses forces, de sa santé, & de sa vie.
Le Ciel n'a pas voulu qu'aucun de
nous ait recueilly ses derniers
soupirs , il n'y a que ces forests
qui en ont esté les depositaires,
& quelque creux de Rocher dans
lequel il se fera peut-estre ietté,
a esté seul tesmoin des derniers
eslans d'amour que ce cœur tout

F iiij

embrasé a poussé vers le Ciel auec son ame, qu'il a renduë à son Createur, lors qu'actuellement il couroit à la conqueste des ames.

Voicy le peu que nous en auons appris par vne Lettre venuë de Montreal, en datte du 26. Iuillet. 1663. Hier le bon Dieu nous amena trente-cinq Canots d'Outaoüak, auec lesquels sont reuenus sept François, de neuf qu'ils estoient : les deux autres qui sont le Pere René Menard, & son fidelle Compagnon nommé Iean Guerin, sont allez d'vn autre costé, pour se retrouuer plustost que ceux-cy au port asseuré de nostre commune Patrie. Il y a deux ans que le Pere est mort, & Iean Guerin depuis dix mois ou enuiron.

Le pauure Pere & les huict
François ſes Compagnons partis
dés Trois-Riuieres le 28. d'Aouſt
de l'an 1660. auec les Outaoüak,
arriuerent à leurs païs le 15. d'O-
ctobre, iour de saincte Thereſe,
apres des trauaux inexplicables,
des mauuais traittements de leurs
Matelots, tout à fait inhumains,
& vne extreme diſette de viures;
en ſorte que le Pere à peine pouuoit. il plus ſe porter, eſtant d'ailleurs de complexion foible, &
caſſé de trauaux : Mais comme
on va encor bien loin apres eſtre
las, il eut aſſez de courage de gagner le Cabanage de ſes hoſtes.
Vn nommé le Brochet, chef de
cette Famille, homme ſuperbe &
tres-vitieux, qui auoit quatre ou
cinq femmes, traitta fort mal le
pauure Pere, & enfin l'obligea

de se separer de luy, & de se faire vne chaumine de branches de sapin. O Dieu quelle demeure pendant les rigueurs de l'Hyuer, qui sont presque insupportables en ces contrées-là! La nourriture n'estoit guere meilleure : le plus souuent ils n'auoient pour tous mets qu'vn chetif poisson cuit à l'eau toute pure à quatre & à cinq qu'ils estoient, encor estoit-ce vne aumosne que les Sauuages faisoient à quelqu'vn d'entr'eux, qui attendoit au bord de l'eau le retour des Canots des pescheurs, comme les pauures mandiants attendent l'aumosne aux portes des Eglises. Vne certaine mousse qui naist sur les rochers leur a seruy souuent pour faire de bons repas. Ils en mettoient vne poignée dans leur chaudiere, ce qui épaississoit tant soit peu l'eau, y formant vne certaine écume, ou baue comme celle des limaçons, & qui nourrissoit plus leur imagination que leur corps. Les arrestes de poisson qu'on conserue soigneusement pendant qu'on en trouue en abondance, seruoient aussi dans la necessité à amuser la faim; il n'y a pas mesme iusqu'aux os pilez dont ces pauures fameliques ne fissent leur profit. Quantité d'especes de bois leur fournissoient aussi des viures l'escorce de Chesne, de Bouleau, de Tilly ou bois blanc, & d'autres arbres, bien cuites & bien pilées, puis mises dans l'eau, où on a fait boüillir du poisson, ou bien melées auec de l'huille de poisson, leur faisoient d'excellents ragousts : ils mangeoient le gland

auec plus de gouſt & plus de plaiſir, qu'on ne mange en l'Europe
les marons ou les chaſtaignes, &
encor n'en auoient ils pas leur
ſaoul. Ainſi ſe paſſa le premier
Hyuer.

Pour le Printemps & l'Eſté, ils
s'en tiroient plus facilement à la
faueur de quelque peu de chaſſe:
Ils tüoient de temps en temps
quelques Canards, Outardes, ou
quelques Tourtes qui leur prepa-
roient de rauiſſants banquets,
les Framboiſes & autres ſemblables petits fruicts, leur ſer-
uoient de grands rafraiſchiſſe-
ments. On ne ſçait ce que c'eſt
en ces païs-là de bled, ny de
pain.

Le ſecond Hyuer ſuruenant,
les François ayant obſerué comme les Sauuages faiſoient leur

pefche , ils fe refolurent de les
imiter, jugeants que la faim eftoit
encor plus difficile à fupporter
que la grande peine , & que les
rifques de cette pefche. C'eftoit
vne chofe digne de compaffion
de voir fur ces grands Lacs éleuez
fouuent comme la Mer , de pauures François en Canot pendant
la pluye & pendant la neige , portez çà & là par des tourbillons
de vents : Ils ont fouuent trouué
à leur retour leurs mains & leurs
pieds gelez : quelques fois ils fe
font veus accueillis d'vne fi épaif-
fe poudre de neiges chaffées par
l'impetuofité du vent, que celuy
qui gouuernoit le Canot, ne pouuoit decouurir de la veuë fon
compagnon qui eftoit à la pointe : quel moyen donc d'aborder
au port ? Certes autant de fois

qu'ils reprenoient terre , il leur
sembloit vn petit miracle. Quand
la pesche reüsissoit , ils faisoient
de petites prouisions de poisson
qu'ils boucannoient, & s'en nour-
rissoient au temps que la pesche
estoit finie , ou que la saison ne
permettoit plus de pescher.

Il y a en ce pays-là vne certaine
plante haute de quatre pieds enuiron , qui croist en des lieux ma-
rescageux : Vn peu auparauant
qu'elle monte en espy , les Sauuages vont en Canot lier en touffes
l'herbe de ces plantes , les sepa-
rant les vnes des autres autant
d'espace qu'il en faut pour passer
vn Canot lors qu'ils reuiendront
en cueillir le grain : Le temps de
la moisson estant venu , ils me-
nent leurs Canots dedans les petites allées qu'ils ont pratiquées

au trauers de ces grains, & faifant pancher dedans les touffes amaf-fées enfemble, les égrainnent: quand le Canot eft plein, ils vont le vuider à terre dans vne foffe preparée fur le bord de l'eau, puis auec les pieds ils le foulent & re-muent fi long-temps, que toute la bale s'en détache; en fuitte ils le font feicher, & finalement ils le mettent dans des caiffes d'ef-corce pour l'y conferuer. Ce grain tire beaucoup fur l'Auoine, lors qu'il eft crud; mais eftant cuit à l'eau il r'enfle plus qu'aucune fe-mence d'Europe.

Si ces pauures François eftoient deftituez prefque de tout ce qui peut recréer le corps, ils eftoient en recompenfe confolez des gra-ces du Ciel: Tandis que le Pere fut en vie, ils auoient tous les iours

la faincte Meffe , & fe Confef-
foient & Communioient quafi
tous les huict jours Apres le tref-
pas du Pere, ce qui les a conferué
dans l'integrité de leur foy & de
leurs bonnes mœurs, a efté l'v-
nion & la bonne intelligence
dans laquelle ils ont touſiours
veſcu ; Et de plus, vne fainte liberté Chreſtienne que quelques-
vns de la bande prenoient de
reprendre ceux qui par hazard fe
feroient par fois emancipez en
quelque legereté.

Quant à la mort du Pere, voicy ce que j'en ay appris. Pendant
fon hyuernement parmy les Outaoüak, il commença vne Eglife
chez ces Barbares , bien petite à
la verité ; mais bien precieufe,
parce qu'elle luy a coufté bien
des fueurs & bien des larmes ;
auffi

auſſi ſembloit elle n'eſtre com-
poſée que de Predeſtinez , dont
la meilleure partie eſtoient les
petits enfants moribonds , qu'il
eſtoit obligé de baptiſer à la dé-
robée , parce que les parents les
cachoient lors qu'il entroit dans
les Cabanes, eſtans dans la vieille
erreur des Hurons , que le Bapteſme leur cauſoit la mort.

Parmy les adultes il ſe trouua
deux Vieillards que la grace auoit
preparez au Chriſtianiſme , l'vn
par vne maladie mortelle , qui
luy rauit la vie du corps , peu
apres auoir receu celle de l'ame,
expirant , apres auoir fait profeſſion publique de la Foy , & preſ-
ché par ſon exemple à ſes parents,
qui ſe mocquants de luy & de ſes
prieres , luy donnerent occaſion
de rendre des preuues d'vne pieté

G

tres-forte , quoy que tout fraiſ-
chement enracinée.

L'autre Vieillard fut eſclairé
par ſon aueuglement, peut-eſtre
n'euſt-il iamais apperceu les bril-
lants de la Foy , ſi ſes yeux euſſent eſté ouuerts aux objets de la
terre : Mais Dieu qui tire la lumiere des tenebres , & qui ſe
plaiſt à nous faire voir de temps
en temps, des traits de ſa Prouidence, a ſi bien diſpoſé de tout
pour ce pauure aueugle , que le
Pere s'eſt trouué tout à propos
pour l'eſclairer , & luy ouurir le
Ciel, lors qu'il auoit deſia vn pied
dans l'Enfer: Il mourut quelque
temps apres ſon Bapteſme, beniſ-
ſant Dieu des graces qu'il luy faiſoit à la fin de ſes jours , qu'il
auoit ſi peu meritées pendant le
cours de prez de cent ans de vie.

Il y auoit encor quelques bonnes femmes qui grossissoient cette
Eglise solitaire; Vne veufue entr'-
autres qui receut le nom d'Anne
en son Baptesme , & qui passe
pour Saincte parmy ces peuples,
quoy qu'ils ne sçachent pas ce
que c'est que Saincteté : depuis
que le Pere l'a disposée à receuoir
le tres-Saint Sacrement de l'Au-
tel , elle ne sçait plus ce que c'est
que de vie Barbare parmy les Barbares : elle fait seule ses prieres à
genoux pendant que toute la famille s'entretient de sales difcours; elle continuë dans ce Saint
exercice de deuotió auec l'admiration de nos François, qui l'ont
veüe les années suiuantes aussi
feruente que le premier iour ; &
par vn exemple qui ne s'est iamais veu parmy ces peuples, tota-

G ij

lement addonnez à la lubricité, d'elle mesme elle a consacré le reste de son veufuage à la Chasteté, parmy des abominations continuelles dont ces infames font gloire de se soüiller incessamment

Voilà les fruits des trauaux du Pere Menard, bien petits en apparence ; mais bien grands en ce qu'il faut vn grand courage, vn grand zele, vn grand cœur, pour souffrir de si grandes fatigues, & aller si loin pour si peu de chose ; quoy qu'on ne puisse appeller peu, quand il ne seroit question que d'vne ame sauuée, pour laquelle le Fils de Dieu n'a pas épargné ses sueurs & son sang, qui sont d'vn prix infiny.

Outre ces Eleuz, le Pere ne trouua dans le reste de ces Barbares qu'opposition à la Foy, à

cause de leur grande brutalité, &
de leur infame Polygamie. Le
peu d'esperance de conuertir ces
gens plongez dans toutes sortes
de vices , fit qu'il prit resolution
d'entreprendre vn nouueau voyage de cent lieuës , pour aller instruire vne Nation de pauures
Hurons , que les Iroquois ont
fait fuir iusqu'au bout de ce monde : Il y auoit parmy ces Hurons
quantité d'anciens Chrestiens ,
qui demandoient instamment le
Pere , & luy promettoient qu'à
son arriuée chez eux , tout le reste
de leurs Compatriotes embrasse-
roient la Foy : Mais auparauant
que de s'acheminer vers ce païs
si éloigné, le Pere pria trois ieunes François de sa Troupe de l'aller auparauant reconnoistre pour
faire des presens aux anciens , &

G iij

les asseurer de sa part , qu'il les
iroit instruire aussi tost qu'ils luy
enuoyeroient du monde pour le
mener. Ces trois François arriuent enfin apres bien des fatigues à cette pauure Nation ago-
nisante: & entrant dans leurs Cabanes , ils ne trouuent que des
squeletes qui estoient si foibles,
qu'à peine se pouuoient ils ny
remuer, ny tenir sur pied : Cela
fut cause qu'ils ne iugerent pas à
propos de faire les presens qu'ils
auoient apportez de la part du
Pere , ne voyants point d'apparence qu'il deust si tost les venir
trouuer, à moins que de s'expo-
ser à mourir en peu de jours de
faim auec eux, qui n'en pouuoient
plus , & qui estoient encor bien
éloignez de la recolte du bled
d'Inde , dont ils auoient fait de

petits champs : Ils expedierent
donc bien-toſt leurs affaires auec
ces pauures affamez, prirent con-
gé d'eux , leur donnants parole
qu'il ne tiendroit point au Pere
qu'ils ne fuſſent enſeignez : Ils
ſe remettent en chemin pour re-
uenir , qui fut bien plus rude, à
cauſe qu'il leur falloit monter la
Riuiere en reuenant, au lieu qu'en
allant , ils l'auoient deſcenduë :
S'ils n'euſſent eſté ieunes , & faits
à la fatigue , ils n'en fuſſent jamais reuenus. Vn bon Huron
qui vouloit les accompagner, fut
bien contraint de rebrouſſer , de
peur de mourir de faim en chemin. Pour ſurcroiſt de leurs peines , le Canot dans lequel ils
eſtoient venus leur fut dérobé ; & s'ils n'euſſent autres-fois
appris lors qu'ils eſtoient auec

G iiij

nous chez les Iroquois, à faire des Canots à l'Iroquoise, qui se font aisément de grosses escorces d'arbre, & presque en tout temps, c'estoit fait d'eux : L'ayant donc acheué en vn iour, ils s'embarquerent enuiron sur la fin de May; quelques Tortuës qu'ils trouuoient sur le bord des Lacs & des Riuieres, auec quelques Barbuës qu'ils peschoient à la ligne, leur seruirent de nourriture l'espace de quinze iours qu'ils employerent à se rendre au lieu d'où ils estoient partis.

Ils racontent d'abord au Pere le peu d'apparence qu'vn pauure Vieillard caduc, foible, destitué de viures comme il estoit, entreprist vn tel voyage : Mais ils ont beau luy estaller & mettre deuant les yeux les difficultez des

chemins foit par terre , foit par
eau , la multitude des rapides,
des cheutes d'eau, & des longs
portages , les precipices qui faut
paſſer , les rochers ſur leſquels il
ſe faut traiſner , les terres ſeiches
& ſteriles où l'on ne peut trouuer rien pour viure , tout cela ne
l'épouuente point, il n'a qu'vne
ſeule reſponſe à faire à ces bons
enfants ; Dieu m'y appelle , il
faut que i'y aille , m'en d'euſt-il
couſter la vie. Saint François Xauier, leur dit il, qui ſembloit ſi ne-
ceſſaire au monde pour la conuerſion des ames , eſt bien mort
dans la pourſuitte de ſon entrée
à la Chine ; & moy qui ne ſuis
bon à rien, de peur de mourir en
chemin , refuſerois-ie bien d'o-
beïr à la voix de mon Dieu qui
m'appelle au ſecours des pauures

Chrestiens & Cathecumenes dépourueus de Pasteur, depuis tant de temps : Non, non, ie ne sçaurois souffrir que des ames perissent, sous pretexte de conseruer la vie du corps à vn chetif homme que ie suis : Quoy ? ne faut-il seruir Dieu, ne faut-il aider le prochain, que quand il n'y a rien à souffrir, ny aucun risque de sa vie ? Voicy la plus belle occasion de montrer aux Anges & aux hommes que i'ayme plus mon Createur que la vie que ie tiens de luy, & vous voudriez que ie la laissasse eschapper ? Aurions nous iamais esté rachetez, si nostre cher Maistre n'eust preferé l'obeïssance de son Pere touchant nostre salut à sa propre vie ?

Voilà donc la resolution prise d'aller chercher ces pauures brebis égarées ; quelques Hurons venus en traite aux Outaoüax, se presentent au Pere pour le conduire; il est heureux de cette rencontre, il les charge de quelques hardes, & fait choix d'vn des François qui estoit Armurier, pour l'accompagner; & pour toute prouision, il prend vn sac d'Esturgeon sec, & quelque peu de chair boucannée, qu'il épargnoit depuis long-temps pour ce voyage qu'il premeditoit. Son dernier Adieu qu'il fit aux autres François qu'il laissoit, fut en ces termes prophetiques: A dieu, mes chers enfans ! leur disoit-il, les embrassant tendrement ; mais ie vous dis le grand Adieu pour ce monde, car vous ne me reuerrez plus : Ie prie sa bonté Diuine que nous nous reünissiós dans le Ciel.

Le voilà donc en chemin le 15. Iuin 1661. neuf mois apres son ar-riuée dans le païs des Outaoüaks: Mais les pauures Hurons, pour peu chargez qu'ils estoient, per-dirent bien-tost courage, les for-ces leurs manquant, faute de nourriture. Ils abandonnent le Pere, en luy disant qu'ils alloient en haste à leur bourg aduertir les anciens, comme il estoit en che-min, & pour faire en sorte qu'on l'enuoyast querir par de jeunes hommes robustes. Le Pere espe-rant ce secours, demeure auprés d'vn Lac enuiron quinze iours; mais comme les viures luy man-quoient, il se resolut de se mettre en chemin auec son Compagnon, à la faueur d'vn petit Canot qu'il auoit trouué dans des brossailles: Ils s'embarquent auec leurs petits pacquets : Helas qui pouroit nous redire les trauaux que ce pauure corps extenüé fouffrit le long de ce voyage , de la faim , des chaleurs , de la laffitude , des portages où il falloit charger fur les efpaules , & Canot & pacquets , fans auoir autre confolation que de celebrer tous les iours la fainte Meffe. Enfin enuiron le 10. d'Aouft , le pauure Pere fuiuant fon Compagnon s'égara, prenant quelques bois ou quelques rochers pour les autres. Au bout du portage d'vn rapide d'eau affez penible , fon compagnon regarde derriere foy , s'il ne le verroit point venir , il le cherche , il l'appelle , il tire iufqu'à cinq coups de fufil pour le redreffer dans le bon chemin , mais en ❧in : ce qui luy fit prendre refo-

lution de donner au pluſtoſt iuſqu'au village Huron qu'il iugeoit
eſtre proche , afin de loüer du
monde à quelque pris que ce fuſt,
pour aller chercher le Pere : Mais
par mal-heur il s'egara luy-meſ-
me , paſſant au delà du Bourg ,
ſans le ſçauoir. Il fut pourtant
plusheureux dansſon égarement,
ayant eſté rencontré d'vn Sauuage qui le redreſſa , & le conduiſit
au village ; mais il n'y arriua que
deux iours apres que le Pere ſe
fut égaré : Et puis que fera vn
pauure homme qui ne ſçait aucun mot de la langue Huronne?
Neantmoins comme la charité &
la neceſſité ont aſſez d'eloquence,
il fit ſi bien par ſes geſtes & par
ſes larmes qu'il donna à entendre
que le Pere eſtoit égaré : Il pro-
met à vn ieune homme diuer

denrées Françoiſes pour l'obliger
à l'aller chercher, lequel fit ſem-
blant d'abord de le vouloir faire,
& ſe mit en chemin; mais à peine
ſe paſſa il deux heures, que voicy
mon jeune homme de retour en
criant, aux armes, aux armes, je
viens de rencontrer l'ennemy:
A ce bruit s'euanoüit la compaſ-
ſion qu'on auoit conceuë du Pere,
& la volonté de l'aller chercher.

Et ainſi le voilà laiſſé à l'a-
bandon, mais entre les mains de
la Prouidence diuine, qui ſans
doute luy aura donné le courage
de ſouffrir conſtamment en cette
extremité le denüement de tout
ſecours humain, quand il n'y
auroit que les picqueures des
Maringoüins, dont le nombre
eſt effroyable en ces quartiers,
& ſi inſupportable, que les trois

François qui ont fait le voyage, asseurent qu'il n'y auoit point d'autre moyen de s'en deffendre, que de courir toufiours, fans s'arrefter, & mefme il falloit que deux d'entr'eux fuffent occupées à chaffer ces beftioles, tandis que le troifiéme vouloit boire, autrement il ne l'auroit pû faire. Ainfi le pauure Pere eftendu qu'il eftoit fur la plate-terre, ou peut-eftre fur quelque rocher, demeura expofé à toutes les picqueures de ces petits Tyrans, & fouffrit ce cruel tourment: pendant le temps qu'il a furuefcu la faim & les autres miferes l'ont acheué, & ont fait fortir cette ame bien-heureufe de fon corps, pour aller ioüir des fruits de tant de trauaux qu'il a fouffert pour la Conuerfion des Barbares.

Pour

Pour son corps, le François qui l'accompagnoit à fait ce qu'il a pû auprés des Sauuages pour leur faire aller chercher, mais sans effet : On ne peut pas non plus sçauoir precisément le temps ny le iour de son trespas ; son compagnon de voyage iuge que ce fut enuiron l'Assomption de la Vierge, car il dit qu'il auoit auec soy vn morceau de chair boucannée enuiron long & large comme la main, qui l'aura pû souftenir deux ou trois iours. Vn Sauuage trouua de là à quelque temps le sac du Pere, mais il ne voulut pas auoüer d'auoir trouué son corps, de peur d'eftre accusé de l'auoir tué. Ce qui peut-eftre n'eft que trop vray, puis que ces Barbares ne font point de difficulté d'égorger vn homme quand ils le ren-

H

contrent feul dans les bois fur
l'efperance de faire quelque bu-
tin : Et de fait on a veu dans vne
Cabane le refte de quelque meu-
bles qui feruoient à fa Chapelle.

Quoy qu'il en foit du genre de
fa mort, nous ne doutons pas
que Dieu ne s'en foit voulu feruir pour couronner vne vie de
cinquante fept ans, dont il a emploié la meilleure partie dans les
Miffions Huronnes, Algonqui-
nes, & Iroquoifes, s'eftant rendu
capable par vn trauail faincte-
ment opiniaftre d'enfeigner ces
trois fortes de peuples en ces trois
langues differentes.

Son zele, qui éftoit tout de feu,
& qui luy tiroit prefque toufiours
les larmes des yeux lors qu'il pref-
choit aux François, luy auoit donné vne tendreffe fi grande pour

les pauures Sauuages, & à mefme temps vn Empire fur eux fi
abfolu, qu'il s'eft trouué peu de
Miffionnaires, qui ayent fçeu
mieux les gagner par amour, ou
qui ayent pû les maiftrifer auec
plus d'authorité. C'eftoit vn zele
infatigable, qui dans vne complexion foible & delicate fem-
bloit auoir vn corps de bronze;
il retranchoit vne bonne partie
du repos de la nuit pour vacquer
à Dieu vniquement, donnant tout
le iour aux trauaux Apoftoliques
de fa Miffion: On le voioit feicher fur les pieds, & comme ron-
gé de melancholie, quand il ne
pouuoit pas trauailler pour le falut des ames; Mais auffi le voioit-
on dans des ioyes inexplicables
quand il fe trouuoit au milieu de
fes Neophytes Barbares, s'ou-

H ij

bliant de prendre & repos, & repas, & vacquant à ſes fonctions
inceſſamment & ſans relaſche
(choſe qu'on a remarquée en luy
comme bien particuliere) & ſans
s'eſtre iamais tant ſoit peu demen-
ty de ſa féruear, auſſi le nom que
luy ont toûjours donné ſes Su-
perieurs eſtoit celuy-cy, *Pater Fru-
gifer*, le Pere fructifiant. L'Ame
de ce zele eſtoit l'amour de Dieu
dont ſon cœur bruſloit, & qui luy
mettoit ſouuent en bouche comme pour ſa deuiſe ces paroles
qu'il auoit couſtume d'adreſſer à
celuy de nos Peres qui eſtoit compagnon de ſes peines & de ſes
Miſſions, *Pater mi* , diſoit-il ordinairement , *ſat multa agimus* , *ſed
non ſatis ex amore Dei*. Mon cher
Pere , nous n'en faiſons que trop,
mais nous ne faiſons pas aſſez

pour l'amour de Dieu.

Son courage alloit de pair auec
son zele, il a veu sans fremir des
Iroquois se ietter sur luy le cou-
steau à la main pour l'esgorger,
lors qu'il trauailloit à leur conuersion dans le Bourg d'Oïogoén;
d'autres ont leué la hache sur luy
au mesme lieu pour luy fendre la
teste, mais il ne s'en estonnoit
pas; il souffroit encor d'vn visage
guay les affronts des enfans qui
le hüoient par les ruës, & qui
couroient apres luy comme apres
vn insensé, mais ce genereux Pere, faisoit gloire auec l'Apostre
d'estre fol pour IESVS-CHRIST,
afin d'engendrer dans les tran-
chées des persecutions, vne Eglise Iroquoise qu'il composa en peu
de temps de plus de quatre cents
Chrestiens, & donnoit esperance

de conuertir bien-toſt tout le
Bourg, ſi l'obeiſſance ne l'euſt ar-
reſté au milieu de ſa courſe. Ce
fut quand nous fuſmes obligez
de quitter les Miſſions Iroquoiſes,
en ſuite des nouueaux meurtres
que ces traiſtres faiſoient dans
nos habitations; quand il luy falut donc quitter cette belle moiſ-
ſon dont il auoit deſia enuoié les
premices au Ciel, par la mort de
quantité d'enfans, & de Vieillards baptiſez, ce fut luy arracher
le cœur du ventre, comme à vne
bonne mere qu'on deſtache de
ſes chers enfans; il en a gemy
bien dés fois depuis, teſmoignant
par l'abondance des larmes qu'il
verſoit, le regret qu'il auoit de
n'auoir pas verſé tout ſon ſang,
au milieu de ſon cher Troupeau.
Il a eu cette conſolation de mou-

rir en cherchant de nouuelles Oüailles, il a passé cinq cents lieuës de saults & de precipices pour cela, il est celuy de tous nos Missionnaires qui a approché le plus prés de la mer de la Chine, mais Dieu l'à reüny à son cher A- postre des Indes par d'autres rou- tes de vray, mais par vn dernier passage presque tout semblable, mourants tous deux dans l'aban- don, & sur le chemin des nou- uelles conquestes qu'ils preten- doient faire pour le Ciel.

Ie ne puis obmettre de dire icy quelque chose du fidele com- pagnon du Pere nommé comme nous auons desia dit Iean Guerin, vn de nos Domestiques depuis plus de 20. ans.

C'estoit vn homme de Dieu, d'vne eminente vertu, & d'vn zele

tres-ardent pour le salut des ames:
il s'estoit donné à nous afin de
cooperer par ses seruices à la conuersion des Sauuages: De fait,
apres auoir accompagné nos Peres presque dans tous les quartiers du Canadas, & dans toutes
nos Missions, soit aux Iroquois,
soit aux Hurons, aux Abnaquiois,
& aux Algonquins, dans de grands
dangers; & de grandes fatigues,
donnant par tout des marques
d'vne saincteté tres-rare: Enfin
ayant esté donné pour compagnon au Pere Menard en ce dernier voyage; Il est mort dans ce
glorieux employ, suiuant son bon
Pere dans le Ciel, apres l'auoir
suiuy si loing sur la terre: Car il
n'eust pas plustost appris sa mort,
qu'il ne songea plus qu'à quitter
les Outaoüax, parmy lesquels il

auoit efté laiffé, pour aller chercher le corps du Pere : Mais Dieu
auoit d'autres deffeins fur luy, il
l'eftablit comme Miffionaire en
chef de cette pauure Eglife, qui
n'auoit pas pû iouïr de fon Pafteur : Ce fuft par le Baptefme
qu'il y confera à plus de deux
cents enfans qu'il enuoya bien-
toft apres dans le Ciel, pour y
couronner le Pere d'vn beau Dia-
defme de ces petits predeftinez,
au falut & à la recherche defquels il eftoit mort. Apres qu'il
eut ainfi bien emploié vn Hyuer,
comme il faifoit vn voyage auec
quelques François la pluye les
obligeant de mettre à terre, &
faire vne maifon de leur Canot,
le renuerfant fur eux : lors qu'ils
eftoient deffoubs, vn d'eux re-
müant vn fufil, le declin lafcha,

& alla droit donner dans le costé
gauche de ce bon Frere, qui pour
lors estoit en contemplation de
la Passion de Nostre Seigneur ;
Ce sont les paroles de ces François qui en ont fait le rapport,
& qui le nommoient Frere à cause
qu'il s'estoit consacré à nostre ser-
uice : Et puis ils adjoustent, que
c'estoit son ordinaire d'estre toûjours absorbé dans Dieu. Il tom-
ba roide mort du coup, sans rien
dire que le nom de I E S V S, auec
lequel il expira.

C'estoit vn homme de grande
Oraison, il y employoit souuent
vne partie de la nuit, & le matin
venu il se retiroit hors du bruit,
pour la continüer dans le silence
de la forest : c'est pour cela que
les Outaoüax disoient qu'il faisoit
tous les matins la descouuerte

hors de leur paliſſade : parce qu'il ne manquoit point d'aller hors des Cabanes ſe cacher à l'eſcart pour faire ſon Oraiſon, dans laquelle il receuoit des conſolations bien particulieres, il la continuoit meſme pendant le ſommeil de la nuiĉt depuis pluſieurs années, & auoit ſouuent des ſonges ſi myſterieux, que vous euſſiez dit qu'il eſtoit meſme raiſonnable en dormant.

Il eſtoit ſi reſerué auec les femmes, qu'il ne les vouloit ïamais regarder en face ; ce que voulant perſuader à ſes Compagnons, ils luy reſpondoient en riant : Si nous faiſions tous comme vous, nous ſerions bien-toſt dépoüillez de tout le peu que nous auons. Ils vouloient luy reprocher que les femmes Sauuages luy auoient dérobé quantité de chofes faute de les auoir voulu obferuer. Et parmy les Iroquois, lors qu'il alloit à la chaffe, il eft arriué que quand nous demandions à des femmes qui venoient du lieu où il eftoit allé, fi elles ne l'auoient point veu; Nous l'auons veu, difoient-elle, mais luy ne nous a pas veu: car il ne nous regarde pas quand il nous rencontre.

Son humilité eftoit tout à fait rare, il s'offrit vne fois à eftre Boureau en Canadas, afin d'eftre en horreur à tout le monde par cét office. Et vne chofe l'empefcha de preffer pour eftre en noftre Compagnie: de peur feulement, difoit-il, que la Soutanne qu'il porteroit, ne le fit eftimer plus qu'il ne valloit.

Ie ne puis que ie n'adjoufte

quelques fragments des dernieres Lettres qu'escriuit le Pere Menard estant sur le poinct de son
depart : elles nous donnent vne
nouuelle connoissance du zele de
ce bon Pere & de son fidelle
Compagnon ; Voicy donc ces
mots. Plusieurs me veulent faire
peur, & me destourner de mon
entreprise, me representant les
grands trauaux de ces Missions,
& les perils continuels de mourir, ou par la main des Iroquois,
ou par la famine, ou par d'autres miseres ; Ils adjoustent aux
fatigues qu'il me faudra endurer,
& qui sont presque insupportables aux plus robustes, mon âge
& la foiblesse de ma complexion : Il n'y a que le bon Iean
Guerin qui m'encourage, & qui
m'est venu trouuer pour me dire,

O mon Pere ! que le bon Saint François Xauier en a bien deuoré dauantage, & que vous feriez heureux de faire vne auffi belle mort que luy, ne deuffiez-vous iamais voir le païs : Et apres ces mots, il s'eft offert à moy d'vn grand cœur pour ce voyage.

En vne autre Lettre le Pere parle ainfi. Nous voilà à Mont-real fur le poinct de partir pour aller à la rencontre de l'Iroquois: il n'eft pas peut-eftre en fi grand nombre que nous; mais nos Sauuages de là-haut font fi peu aguer-ris, que cinquante Iroquois font capables d'en mettre trois cents en fuitte. S'ils nous deffont ou nous emmenent, nous fuiurons les deffeins de la Prouidence de Dieu, qui a peut-eftre attaché le falut de quelque pauure Iroquois à noftre mort.

Enfin il conclud en ces termes, ie demande mille pardons
à voſtre Reuerence, & à tous nos
Peres, des fautes que i'ay com-
miſes par tout où i'ay eſté, ie vous
prie d'offrir ce qui me peut reſter
de vie dans cét employ penible,
comme vne ſatisfaction à la diuine Iuſtice, en vnion des trauaux
de noſtre Seigneur, à ce qu'il luy
plaiſe de me receuoir à la mort au
nombre des Enfans de Saint Igna-
ce, nonobſtant l'excez de mes
pechez : *Quis ego ?* Helas ! pour
que Dieu me faſſe cét honneur
de me ietter encore vne fois dedans vn ſi grand employ. Ie ne
voy, à vray dire, rien qui vaille
en moy, ſinon l'idée que i'ay toûjours eu du grand honneur que
Dieu faiſoit à vn homme qu'il
met dans l'occaſion de pâtir pour

fon nom : O la grande grace de
le traitter comme fon fils & comme fes plus grands feruiteurs. Ie
fupplie voftre Reuerence , que
dans cét abandon general où ie
vay me trouuer, elle ne m'aban-
donne point de fes faints Sacri-
fices , m'impetrant de la Diuine
bonté la patience & la perfeue-
rance iufqu'au bout.

CHAP. IX. ET DERNIER.

*Voyage depuis l'entrée du Golphe Saint
Laurent jufques à Montreal.*

COmme l'on imprimoit cet-
te Relation, il nous eft tombé entre les mains le narré d'vn
voyage fait exprés par vne perfonne de merite, pour reconnoi-
ftre

ftre la pays de la Nouuelle France, depuis l'entrée du Golphe
Saint Laurent iufques à Montreal.
Quelques perfonnes ont cru qu'il
eftoit à propos d'en faire vn ex-
trait, & de le communiquer au
public dans cette Relation. Voicy
ce qu'il en efcrit.

Apres auoir paffé le Golphe
on rencontre vne Ifle, recom-
mandable tant pour fa grandeur,
ayant pour le moins trente lieuës
de circuit, que pour le grand
nombre d'Ours qu'elle nourrit,
qui feroient des richeffes pour
ce pays, s'il eftoit en eftat de s'en
feruir; à caufe de leurs peaux qui
font de debit, & de leur graiffe
& de leur huile, qui font de prix;
outre que leur chair eft d'vn gouft
exellent. Cette Ifle a vne Riuiere confiderable, fur les bords de

I

laquelle l'on rencontre, à ce qu'on nous affeure, des amas de moruës mortes, en forme de collines, compofez des arreftes de ce poiffon, que les vagues de la Riuiere ont couftume d'y ietter quand elle eft agitée.

Toutes ces conttées font fi abondantes en Moruës, qui s'y pefchent en toutes les faifons de l'année, que les Nauires en font bien-toft remplis : Ce poiffon eftant en vne quantité fi prodigieufe, que fouuent vne ligne eftant iettée dans l'eau, à cinquante, foixante & quatre-vingts braffes de profondeur, le pefcheur fent ce poiffon qui aualle incontinent l'hameçon auec fon amorce, qui n'eft pour l'ordinaire que quelque morceau des entrailles de la Moruë mefme, qui

est si goulüe qu'elle aualle indif-
feremment quoy que ce soit ; fust-
ce vn morceau de linge , ou de
drap & de cuir qu'on aura mis à
l'hameçon pour tout apast. Les
Habitans de Canadas pourront
tirer en son temps de grandes ri-
chesses de cette pesche, qui est
vrayement à leur bien-seance.

Le Fleuue au dessus du Golphe
se restressit ; mais non point tant
qu'il ne soit large encore de vingt
lieuës, jusques à vn havre distant
de quatre-vingts lieuës de cette
Isle. Iusqu'à là le Fleuue n'a point
de fonds pour l'anchre : mais ce
havre estant passé , l'on trouue
fond en quelques endroits, dont
on peut faire autant de Ports-
de-mer , tres-commodes. Et le
Fleuue se retressissant encore, ne
fait plus que douze lieuës de lar-

geur iufques à l'Ifle-aux-Aloüet-
tes, ainfi nommée, pour le nombre de ces oyfeaux, dont il y a
vne quantité fi eftonnante, qu'en
vn feul coup de fuzil on en tuë
quelquefois iufques à deux &
trois cens, & dauantage.

Les riuages de ces quartiers-là
fe voyent quelquesfois couuerts
d'enuiron vn pied de hauteur d'vn
petit poiffon, qu'on appelle de
l'Efplan, principalement quand
il fait vn grand vent, qui le pouf-
fe ainfi auec la vague.

Les eaux font falées iufques-
icy, & on y voit flotter les mefmes poiffons & monftres-marins
qui fe rencontrent dans l'Ocean,
quoy qu'il en foit éloigné de huit-
vingts lieuës. Mais quarante lieuës
apres cette Ifle, le Fleuue deuient
potable & clair, comme de l'eau

de fontaine ; couleur qu'il ne quitte plus iusques à son origine, que l'on ne connoist pas encore que par coniecture, quoy qu'on l'aye cherchée à cinq cents lieües de Quebec.

Ie n'aurois iamais fait si ie voulois raconter le nombre des Isles qui s'y rencontrent ; la beauté de leur situation, & la fecondité de leur terroir , l'Isle aux Condres, l'Isle aux Oyes, & l'Isle d'Orleans, meritent d'estre nommées en passant. La premiere est souuent remplie d'Elans qui s'y rencontrent. La seconde est peuplée en son temps d'vne multitude d'oyes, de canards & d'outardes , dont l'Isle qui est platte & chargée d'herbes, comme vne prairies, en paroist toute couuerte. Les lieux circonuoisins retentissent incessant-

famment des cris de ces oyfeau[x]
excepté durant les trembleme[ns]
de terre, qui fe font fait fent[ir]
cette année; car ces oyfeaux po[ur]
lors, à ce que m'ont affeuré quel[-]
ques Chaffeurs, gardoient v[n]
merueilleux filence.

L'Ifle d'Orleans eft remarqua[-]
ble pour fa grandeur, ayant plu[s]
de quinze lieuës de tour. Elle e[ft]
abondante en grains, qui y viennent de toutes fortes, & aue[c]
tant de facilité, que le Labou-
reur ne fait quafi que grater l[a]
terre, qui ne laiffe pas de luy
donner tout ce qu'il veut; & cela durant quatorze ou quinze ans
continuels, fans auoir repofé.
Cette Ifle n'eft que deux petite[s]
lieuës au deffous de Quebec.

Ce nous fut vne nauigation
diuertiffante en montant la Ri-

uiere depuis le Cap de Tourmente iufques à Quebec, de voir de
part & d'autre l'efpace de huict
lieuës, les Fermes & les Maifons
de la campagne bafties par nos
François tout le long de ces coftes : A droit, les Seigneuries de
Beaupré, de Beauport, de Noftre-
Dame des Anges ; & à la gauche
cette belle Ifle d'Orleans, qui
continuë à fe peupler heureufe-
ment d'vn bout à l'autre.

La baffe & la haute ville de
Quebec donnoient encore plus
d'agréement à noftre veuë, y
voyant de loin des Eglifes & des
Monafteres baftis, & vne Forte-
reffe fur le haut d'vn rocher, qui
commande fur toute la Riuiere.

Paffant plus outre, nous y
voyïons à gauche les Habitans de
la cofte de Laufon, & à la droite

les Habitans de la coſte Sainɛte
Geneuiefue, & les Fortereſſes de
Saint Iean & de Saint Xauier
dans les terres; Sillery & toute
la coſte du Cap rouge habitée ſur
les riues du grand Fleuue.

Enuiron trente lieuës plus haut
que Quebec, les Habitans du
Cap de la Magdeleine ſortoient
de leurs maiſons, reſpanduës plus
d'vne lieuë ſur toute cette coſte,
nous venans au deuant, & nous
inuitans de mettre pied à terre,
pour nous regaler à la champe-
ſtre.

Mais il falloit aller deſcendre
à *la* Ville des Trois Riuieres, qui
n'eſt diſtante que d'vne lieuë de
ce Cap. Nous y fuſmes receus
auec autant d'abondance, & les
tables où nous fuſmes inuitez,
eſtoient quaſi auſſi bien couuer-

tes & aussi bien fournies, qu'elles peuuent estre en plusieurs endroits de la France.

Les tremblemens de terre y continuoient encore, s'y estant fait sentir grands & épouuantables depuis le cinquiesme iour de Febvrier; & nous estions toutesfois bien auant dans le mois de Iuillet. Les grands arbres precipitez dans la Riuiere, auec des collines & des montagnes toutes entieres roulloient encore effroyablement dans ces eaux, qui les reiettoient sur le riuage auec vne estrange confusion.

Les chaleurs y ayans esté extraordinaires & la terre ayant esté toute desechée par les feux souterrains & ensouffrés, qui auoient espuisé toute l'humidité, vn incendie qui s'estoit pris dans ces

vaſtes Foreſts, & qui en auoit
deſia brulé plus de dix huict
lieuës, menaçoit les habitations
de nos François, & de toutes leurs
terres heureuſement enſemen-
cées : mais les Proceſſions & les
Prieres publiques y apporterent
vn prompt remede par la grace
de Dieu, les pluyes ayants ſuiuy
ſi abondantes, que iamais on
n'en a eſperé vne plus riche recolte.

Apres quelques iours de repos
nous remontons dans noſtre barque, ſans crainte des Iroquois
qui battoient la campagne, ou
pluſtoſt les Foreſts voiſines, les
Riuieres & les Lacs, pour ſurpren-
dre ceux qu'ils trouueroient eſ-
cartés.

Nous n'auions pas nauigé vne
bonne heure continuants noſtre

route, que nous entrafmès dans
vn Lac, qui eft entretenu par fix
grandes Riuieres qui fe iettent
dedans, outre le fleuue de Saint
Laurent qui paffe par le milieu.
Ces Riuieres font en leur embou-
cheure des Ifles & des peninfules
fi agreables à la veuë, & fi propres pour l'habitation des hommes, qu'il femble que la nature
aye ramaffé vne partie des beau-
tés de la terre habitable, pour les
eftaler en ce lieu-là. Les riuages
qui font partie en prairies, & partie en bocages, paroiffent de
loing comme autant de iardins
de plaifance ; ils n'ont rien de
Sauuage, que les beftes fauues
comme les Elans, les Cerfs,
les Vaches Sauuages, qui fe voient
par bandes, & en grand nombre.
Nous paffafmes ce Lac en vn

temps si calme, qu'il ne fut trou-
blé que par les saults & par le
bruit des esturgeons, & autres
poissons inconnus en Europe,
qui sautoient à centaines autour
de nostre Barque. C'est dans ce
Lac que nous trouuasmes vn Ori-
gnac qui passoit à la nage : C'est
vn animal bien plus grand que
les plus hauts mulets d'Auuergne,
qui a des forces incomparables,
des agilitez nonpareilles, & sur la
terre & dans les eaux, où il nage
comme vn poisson. Nous deta-
chasmes aussi tost apres luy vn
petit canot d'ecorce conduit par
deux François, & par deux Sauuages Algonquins qui nous ac-
compagnoient, qui estans encore
plus habiles à la nage que cet
animal, luy firent faire quantité
de tours & de detours dans ce

grand Lac, où il se manioit comme vn Cerf qui seroit poursuiuy
par les Chasseurs en pleine campagne. C'estoit vn plaisir de voir
comme à force d'élancemens &
de secousses, il taschoit de gai-
gner la terre ; & comme les Chasseurs en mesme temps qui vol-
tigeoient sur l'eau dans leur Canot, luy bouchoient le passage,
& le conduisoient malgré luy du
costé de la Barque, où on l'attendoit pour luy donner le coup de
mort qui ne luy manqua pas.

Il ne fut pas si tost tué, qu'il
se presenta l'occasion d'en tuer
encore trois autres de la mesme
façon, & auec de nouuelles circonstances qui rendent cette chas-
se des plus agreable du monde.

Ceux qui durant ce temps-là
vacquoient à la pesche, ne fai-

foient pas moins bien leur deuoir : de forte qu'en peu de temps
nous eufmes de quoy regaler noftre equipage à chair & à poiffon.

Nous ne fufmes pas fi-toft
arriuées à l'extremité de ce Lac,
que ces celebres Ifles de Richelieu fe decouurirent à nous.
Quand les habitans de ces quartiers ont befoin de venaifon &
de gibier, ils n'ont en certain
temps qu'à s'y transporter. Il ne
faut point d'autre monnoye pour
l'achetter, que le plomb & la
poudre. Ces Ifles font bien au
nombre de cent cinquante ; les
vnes de quatre lieuës de circuit;
les autres de deux & de trois lieuës.
Les vnes en prairies, fans aucuns
arbres que des pruniers, dont le
fruit eft rouge, & d'affés bon gouft;

les autres chargées d'arbres &
de vignes Sauuages, qui grim-
pent ſur les arbres, dont le fruit
ne laiſſe pas d'eſtre aſſez ſauou-
reux. On y trouue d'autres fruicts
Sauuages, comme fraiſes, framboiſes, meriſes, bluets d'vn gouſt
exquis, meures, groſeilles rouges
& blanches; & beaucoup d'autres
petits fruicts inconnus en Europe:
entre leſquels il y a des eſpeces
de petites pommes ou ſenelles &
de poires, qui ne meuriſſent qu'à
la gelée. Mais rien ne me ſemble
ſi curieux que quelques racines
Aromatiques & quelques Simples
de grande vertu, qui s'y rencontrent.

Ces Iſles ſont ſeparées les vnes
des autres par vne grande inega-
lité de canaux: les vns tirez en
droite ligne, comme dans les

maisons de plaisance, de deux
lieuës en longueur, & d'vn quart
de lieuës en largeur ; les autres
plus estroits, où on ne peut na-
uiger qu'à l'ombre des arbres, qui
se ioignent quasi de part & d'autre en forme de berceau, se per-
dant insensiblement & se desro-
bant agreablement à la veuë des
hommes, iusques à ce qu'ils re-
ioignent la Riuiere d'où ils sont
sortis : Mais ils sont tous admi-
rables pour l'abondance de poisson qui s'y norrit de toute espece.

Apres que la Riuiere s'est ainsi
promenée auec tant de tours &
de detours dans des espaces si
agreables, elle reprend son cours
& ne fait plus qu'vn lit, qu'on
prendroit pluftoft pour vn grand
canal fait à main d'homme, que
pour le lit d'vne Riuiere, tant il
est

est droit & d'vn riuage esgal, cou-
uert de part & d'autre de fort
beaux arbres rares en Europe,
iusques à vne Isle de quatre lieües
en longueur, qui est plustost vn
amas d'Islets, qu'vne Isle : car elle
est distinguée par tant de canaux
& de ruisseaux , que ceux qui en
ont voulu faire le denombre-
ment, en comptent plus de trois
cents, qui se confondant les vns
dans les autres, font des labirin-
tes si surprenans pour leur beauté,
& si riches pour le grand nombre
de poisson, de Loutres, de Ca-
stors & Rats musquez, que la chose est quasi hors de croyance. Les
Iroquois causent cette abondance,
empeschant nos Algonquins de
chasser en ces belles contrées.

C'est sur le bord de cette belle Isle que nous trouuasmes vne

K

troupe de Vaches Sauuages, c'eſt
vne eſpece de Cerfs; mais bien
meilleurs que les noſtres, & ſi
faciles à tuer, qu'on n'a qu'à les
pouſſer dans la Riuiere en les
épouuantant, où ils ſe iettent
incontinent à la nage; & pour
lors les Chaſſeurs en Canot, ont la
liberté de les prendre par les
oreilles, de les tuer à coups de
couſteau, ou de les emmener tous
viuans ſur le riuage : quelquefois
on en voit deux & trois cents de
compagnie.

Cette proye ſe preſenta trop
heureuſement à nous pour ne
nous en ſeruir pas. Cependant
nous nous auancions toûiours
du coſté de Montreal, & nonobſtant la rapidité des eaux qui eſt
grande de ce coſté, nous mon-
taſmes iuſques à la Riuiere des

Prairies, qui vient du costé du Nord, & qui se iette dans le fleuue de Saint Laurent.

Ce lieu-là surpasse encore tous les autres en beauté : car les Isles qui se rencontrent dans l'embou-cheure de ces deux fleuues, sont autant de grandes & de belles prairies, les vnes en long, les autres en rond ; ou autant de iar-dins faits à plaisir, tant pour les fruits qui s'y rencontrent, que pour la forme & l'artifice dont la nature les a preparées, auec tous les agrémens que les Peintres peuuent representer dans leur païsage. Les oyseaux & les bestes sauuages y sont sans nombre ; la pesche admirable : C'estoit vn abord general de toutes les Na-tions de ce païs ; auparauant que les Iroquois eussent infecté tou-

tes ces contrées, & par confequent ce fera vn iour vn pays
tres-propre pour eftre la fituation
d'vne grande & groffe ville.

De là nous montafmes à Montreal , le lieu le plus expofé aux
Iroquois, & où par confequent
les habitans font des plus aguer-
ris. Le climat eft à mefme hauteur que celuy de Bourdeaux;
mais fort agreable ; le terroir eft
tres-bon : le Iardinier ne fait que
ietter la grene de Melons fur vn
peu de terre remuée parmy les
pierres , & ils ne laiffent pas d'y
venir fans aucun foin de la part
des hommes. Les Citroüilles y
viennent encore auec plus de facilité; mais tres-differentes des no-
ftres; car quelques-vnes ont quafi
le gouft de pommes & de poires,
quand elles font cuites.

Les habitans y font fi charita-
bles, que quand quelqu'vn eft pris
par les Iroquois, ils cultiuent fes
champs pour faire fubfifter fa famille.

C'eft aux enuirons de ce lieu
que nous furprifmes le Capitaine
General des Iroquois, furnommé
par nos François qui ont efté en
ces païs là, Neron, à caufe de fon
infigne cruauté, qui l'a porté au-
trefois à immoler quatre vingt
hommes aux manes d'vn fien frere tué en guerre, en les faifant
tous brufler à petit feu; & à en
tuer foixante autres de fa propre
main; dont il porte les marques
imprimées fur fa cuiffe, qui pour
ce fuiet paroift couuerte de cara-
cteres noirs.

Cét homme a ordinairement
neuf efclaues auec luy; c'eft à

sçauoir cinq garçons & quatre
filles. C'eſt vn Capitaine de grande mine & de grande preſtance,
& d'vne ſi grande egalité & pre-
ſence d'eſprit, que ſe voiant en-
uironné de gens armées, il n'en
témoigna pas plus d'eſtonnement
que s'il euſt eſté ſeul : interro-
gé s'il ne vouloit pas bien venir
auec nous à Quebec, il ſe con-
tenta de reſpondre froidement,
que ce n'eſtoit pas vne demande
à luy faire, puis qu'il eſtoit entre
nos mains.

On le fit donc monter dans
noſtre Barque, où ie prenois plaiſir à conſiderer le genie de cet
homme, & celuy d'vn Algonquin
qui eſtoit auec nous, & qui portoit la cheuelure d'vn Iroquois
qu'il auoit tué tout fraichement
en guerre. Ces deux hommes,

quoy qu'ennemis à fe manger,
s'entretenoient dans cette Barque
fort familierement, & en riant;
eſtant fort difficile de iuger lequel des deux eſtoit le plus ha-
bile à diſſimuler ſes ſentimens.

Ie faiſois mettre Neron auprés
de moy à table, où il ſe com-
portoit auec vne grauité, vne re-
tenuë & bien-ſeance qui ne te-
noit rien de ſon Barbare : mais le
reſte de la iournée, il mangeoit
inceſſamment, de ſorte qu'il ne
ieûnoit que quand il eſtoit à table.

Ie deſcendis auec ce priſon-
nier à Quebec, auſſi heureuſement que i'eſtois monté à Montreal. Et puis que ce voyage m'a
donné l'occaſion de conſiderer
le païs & le Fleuue; Ie vous di-
ray que i'aurois de la peine à

croire qu'il y euſt païs au monde
plus arroſé, puis qu'on ne peut
faire vne demie lieuë, ſans trouuer quelque Riuiere ou quelque
Lac : outre vne infinité de Tor-
rens & de Ruiſſeaux, qui rendent le païs fort fecond; mais ſi
beau, qu'à peine y a-t-il rien de
ſemblable en l'Europe.

Le Fleuue a de grandes richeſ-
ſes, qui conſiſtent en poiſſons,
dont les vns luy ſont naturels,
les autres luy viennent de la Mer
& des Lacs; dont il y en a de deux
& trois cents lieuës de contour;
Le grand Lac des Hurons, le
grand Lac de la Nation du Saut,
celuy de la Nation des Puants,
le grand Lac des Iroquois.

Les poiſſons qui luy ſont naturels, ſont le Brochet de deux eſpeces; la Perche de deux eſpe-

ces ; le poiſſon armé , à raiſon de ſon bec qui eſt en forme d'vne lance ; le poiſſon doré, d'vn gouſt exquis ; le poiſſon dit du Bord-de-l'eau , encore meilleur. La Loche, d'vne groſſeur & grandeur extraordinaire : Les Grenoüilles grandes comme des aſſiettes, & dont la voix eſt ſemblable au meuglement des Bœufs.

Les poiſſons qui luy viennent des Lacs, ſont la Barbuë , qui nous eſt inconnuë en Europe ; qui ne cede point pour le gouſt au plus exquis de nos poiſſons. Les Marſoüins blancs , de la grandeur d'vne Chaloupe ; & l'Anguille qui a vn gouſt bien meilleur de beaucoup que les noſtres : & tout cela en tres - grande abondance: Tel Peſcheur s'eſt trouué auoir pris dans ſes naſſes en vn iour cinq mille Anguilles, qui font tres-excellentes, eftant fallées, & de tresbonne garde; ce font dix bariques en vn iour, qui fe vend fur les lieux vingt-cinq francs la barique : car c'eft vne excellente prouifion, en ce qu'elle porte fon affaifonnement auec foy, fe mangeant roftie fur le feu, fans qu'il foit befoin ny de beurre, ny d'aucune autre faulce; & mefme eftant boüillie, elle fert & de beurre & de graiffe pour faire les potages.

Les poiffons qui luy viennent de la Mer font les Baleines, les Souffleurs, les Marfoüins gris, les Efturgeons, le Saulmon, le Bar, l'Alofe, la Moruë, le Haran, le Maquereau, l'Eplan : le Loup marin, dont les riuages paroiffent quelquefois tout couuerts, & dont quatre ou cinq hommes experts,

ont quelquefois tué en deux heures quatre & cinq cents à coups de
baston, qu'on leur donne fur la
tefte, qu'ils ont fort tendre; On
les furprend fur des longues bat-
tures de rochers, où ils demeu-
rent au Soleil, la Mer s'eftant re-
tirée. On dit qu'ils font quafi aueu-
gles; mais en recompenfe ils ont
l'oüye fort fubtile.

L'abondance de tous ces poiffons eft incroyable: outre que les
huiles que l'on peut tirer du Loup
marin, des Marfoüins & des Baleines, felon le fentiment des
Marchands, peuuent faire vn com-
merce tres confiderable. Mais nos
pauures François ne font encore
en ce païs que des Paralytiques au-
pres d'vn grand threfor; fur lequel
ils ne peuuent porter les mains,
tant à caufe que l'Iroquois ne leur

en laiſſe pas la liberté, qu'à cauſe
que les premieres penſées de ceux
qui ont habité ces païs, ont eſté
de ſe pouruoir de pain par la cul-
ture de la terre, dont ils ſont
venus heureuſement à bout, quoy
que l'on creuſt d'abord que ce
païs eſtoit trop froid, & que l'hyuer y eſtoit trop long pour en pouuoir eſperer & de bon bled fro-
ment, & les autres grains de la
terre.

Pour ce qui eſt des animaux que
la terre nourrit, il n'y en a point en
France qui ne puiſſent venir tres-
bien en Canadas; où toutesfois
il y en a quantité d'autres que la
France n'a pas: comme Orignaux,
Ours, Caribous, Vaches Sauuages,
Caſtors, Ratz muſquez.

Entre les oyſeaux qui s'y rencontrent de toute eſpece, il eſt à

remarquer que les Tourtes y font
en fi grande abondance, que cette année tel en a tué fix vingts-
douze d'vn feul coup : elles paf-
foient inceffamment par bandes
& fi époiffes, & fi proches de
terre, qu'on les abbatoit quelquefois à coups de rames. Elles
fe font iettées cette année fur les
grains, & y ont fait vn grand ra-
uage, apres auoir depeuplé les
forefts & les campagnes de frai-
fes & de framboifes, qui croiffent
icy par tout fous les pieds des perfonnes : mais quand on prenoit
ces Tourtes en dommage, on
leur faifoit bien payer les frais;
car les Laboureurs, outre la pro-
fufion qu'ils en ont fait dans leur
maifon, à leurs feruiteurs, & mefme à leurs chiens & à leurs co-
chons, en ont falé des bariques

pour leur hyuer.

Mais on peut dire que tous ces auantages ne sont rien, au prix de la bonté de l'air qui y est si excellent, qu'il y a fort peu de malades en ce païs; & on n'y peut quasi mourir, à moins qu'on ne meure par accident & de mort violente: & i'ay remarqué qu'en vn an que i'ay esté en Canada, il n'y est mort que deux personnes de mort naturelle, encore estoit-ce de vieillesse.

L'Hyuer dont on parle tant en Europe, pour sa violence & sa durée, m'y a paru plus supportable, que dans Paris. Le bois n'y couste rien qu'à le couper, à ceux qui ont des terres, lesquelles s'y distribuent gratuitement à ceux qui en demandent, & qui les veulent cultiuer. Tel en aura quatre &

cinq cens arpens, & d'autres dauantage.

Le temps de l'Hyuer est le plus
propre pour les Chasseurs, qui
s'enrichissent pour lors, & le païs
auec eux, des peaux de bestes fauues. L'Hyuer n'est pas moins fa-
uorable pour les gens de trauail,
la neige rendant tous les chemins
egaux, & le froid glaçant les Riuieres & les Lacs, en sorte que
l'on peut passer par tout en asseurance, & traisner les fardeaux, ou
les faire traisner par les chiens, sur
la neige, qui est solide sur la fin de
l'Hyuer : & ainsi les promenades
pour ceux qui cherchent leur di-
uertissement, y sont pour lors tres-
belles, & d'ordinaire fauorisées
d'vn beau Soleil, & d'vn temps fort
serain.

FIN.

www.ingramcontent.com/pod-product-compliance
Lightning Source LLC
LaVergne TN
LVHW020617200726
843508LV00002B/493